Theo Lehmann

W0343189

Lieber geliebt als nicht gelebt

Reden von Gott ohne Wenn und Aber

aussaat

© 2006 Aussaat Verlag
Verlagsgesellschaft des Erziehungsvereins mbH, Neukirchen-Vluyn
Alle Rechte vorbehalten
Umschlaggestaltung: Hartmut Namislow
Druckvorlage: Dorothee Schönau
Gesamtherstellung: Fuck Druck, Koblenz
Printed in Germany
ISBN 3–7615–3764–6
Bestell Nr. 113 764

Scharfe Sachen!

Wer was zum Einschlafen sucht, hat hier das falsche Buch in der Hand. Wer riskiert, von Gott die Wahrheit über sein Leben zu erfahren, der ist mit den Predigten von Dr. Theo Lehmann auf der richtigen Spur.
Was die einen anzieht und begeistert, darüber ärgern sich die anderen schwarz. Die messerscharfen Formulierungen und die unverblümten Aussagen spalten heute wie schon zu DDR-Zeiten die Hörer und Leser dieser Predigten. Ich entsinne mich an den Kommentar eines frommen Menschen in den späten 70er Jahren über die provozierenden, klug kalkulierten Spitzen in Theos Predigten: »Der Daniel hat in der Löwengrube die Löwen ja auch nicht in die Schwänze gekniffen.« Als ob das Evangelium von Jesus Christus noch die rettende Nachricht wäre, wenn man alle Spitzen abgebrochen hat! Predigten sind heute leider für viele Zeitgenossen gleichbedeutend mit einschläfernder Langweile. Das ist der zweifelhafte Erfolg nebulösen Kanzelgeschwafels.
Die eigentliche Schärfe der Predigten in diesem Buch liegt aber nicht in den Formulierungen. Die Worte sind mit der festen Überzeugung geschrieben und gesagt, dass die Aussagen der Bibel Gottes Wort sind. Und von dem lesen wir im Neuen Testament: »Das Wort Gottes ist lebendig, es ist eine wirkende Macht. Es ist schärfer als das schärfste beidseitig geschliffene Schwert. So wie ein Schwert tief einschneidet, die Gelenke durchtrennt und das Mark der Knochen freilegt, so dringt das Wort Gottes ins Innerste von Seele und Geist. Es deckt die geheimen Wünschen und Gedanken des Menschenherzens auf und hält über sie Gericht.« (Hebräer 4,12)
Ohne die einschneidenden Maßnahmen des Wortes Gottes gibt es für uns keine Rettung und Heilung. Deshalb ist jeder gut beraten, der sich diesen Reden aussetzt.

Ulrich Parzany

Inhalt

Heute *so* – morgen *so*

1Mose 13ff

Ein Professor fragt in der Philosophieprüfung den Studenten: »Können Sie mir – aber bitte nur mit ganz wenigen Worten – sagen: Was ist Konsequenz?« Der Student antwortet: *»Heute* so, *morgen* so.*«* »Gut«, sagt der Professor. »Können Sie mir aber auch, mit genauso wenig Worten, sagen: Was ist Inkonsequenz?« Antwort: »Heute *so*, morgen *so*.«
So was nennt man Mitläuferphilosophie. Ein Mitläufer ist ein Mensch, der bei irgendeiner Sache mitmacht, ohne von dieser Sache überzeugt zu sein. Er macht nur mit, solange er Vorteile hat. Wenn er sich woanders mehr Vorteile verspricht, ändert er sofort seine Gesinnung. Also etwa: Nach 45 raus aus der Kirche, ab 90 wieder rin in die Kirche, ab 95 wegen der Kirchensteuern wieder raus. Bald wird er ja nun beerdigt, vielleicht tritt er vorher schnell wieder ein, damit wir eine schöne christliche Leiche kriegen. Gott schütze uns alle vor solchen Opportunisten.

Lot ist (k)ein Idiot

Opportunisten gibt es überall in Massen, und deshalb ist das Lied »Sag mir, wo du stehst und welchen Weg du gehst«, nicht nur ein gutes Lied, sondern vor allem eins, das wir auch in der Kirche singen müssten:

Wir haben ein Recht darauf, dich zu erkennen,
auch nickende Masken nützen uns nicht.
Ich will beim richtigen Namen dich nennen,
und darum zeig mir dein wahres Gesicht.

Ich will euch heute von dem ersten Opportunisten und Mitläufer erzählen, den die Bibel erwähnt. Dieser Mann hieß Lot und war ein Neffe von Abraham. Ich weiß nicht, warum der sich an den Abraham angehängt hatte, als der in ein unbekanntes Land aufbrach. Vielleicht war das weiter nichts als Abenteuerlust: mal was Neues erleben, Hauptsache – weg von zu Hause, wie das eben bei Jugendlichen so ist. Jedenfalls: Lot war mit Abraham mitgezogen. Inzwischen sind die nun in Kanaan. Abrahams Besitz ist gewachsen, seine Herden sind gewachsen, sein Neffe ist gewachsen. Aus dem Knirps, der im kurzen Hemde ums Zelt huppte, ist ein junger Kerl geworden, der sein eigenes Leben führt – eigenes Zelt, eigene Knechte, große Herden, große Klappe. Und wie das so ist – eines Tages langt der Platz nicht mehr. Den beiden wird die Welt zu eng. Es kommt zu Reibereien zwischen den Knechten vom Lot und den Knechten vom Abraham, die keilen sich um die besten Weideplätze, jeden Tag gibt's einen neuen Zusammenstoß, Konkurrenzkampf, Neid, Boshaftigkeit, Nervereien. Alles bloß, weil man sich zu dicht auf der Pelle hockt. So geht's ja in vielen Familien los: Man bekommt eine Wohnung. Erst kommen die Möbel, dann kommen die Kinder, dann die Schwiegerkinder, dann die Enkel, dann kommt der Familienkrach, weil aus dem trauten Heim die Hölle geworden ist. Jeder eckt dauernd irgendwo an und kommt irgendwem in die Quere. Früh sitzt einer zu lange auf dem Klo, abends, wenn man vor dem Fernseher sitzt, will der eine das, der andere jenes sehen, jeder ist gereizt, jeder ist im Recht, jeder sieht ein: So kann es einfach nicht weitergehen. Also: Es muss etwas geschehen. Aber was?

Lieber ausloten als ausbooten

Ich sage: Auf alle Fälle – verhandeln. Miteinander reden. Familienkrach ist noch keine Schande, und Meinungsverschie-

denheiten gibt es bei allen Menschen, sogar bei solchen, die sich lieben. Ich habe noch kein einziges Liebespaar kennengelernt, das nicht auch mal Krach gehabt hätte. Manche müssen sich direkt zusammenkrachen, bis sie wirklich zusammenpassen. Ich habe aber massenhaft Liebespaare kennengelernt, die gleich auseinanderlaufen, sobald es Schwierigkeiten gibt.
Wenn du es vor der Ehe nicht fertig bringst, trotz Meinungsverschiedenheiten bei dem Andern auszuhalten und erst mal alles zu versuchen, um klarzukommen, wenn du schon vor der Ehe bei jeder Schwierigkeit abhaust, dann wirst du auch in der Ehe nicht genug Durchhaltevermögen haben. Und das brauchst du. In jeder Ehe tauchen Schwierigkeiten auf. Wer dann immer gleich mit dem Gedanken an Scheidung spielt oder sich gleich scheiden lässt, macht sich die Sache zu einfach und tausende Kinder haben unter den Folgen zu leiden. Das ist nicht nur unverantwortlich, das ist auch unnormal. Normal ist, dass es überall mal Krach gibt.
Nehmen wir an, du hast eine Meinungsverschiedenheit mit deiner Freundin. Na, suchst du dir eben 'ne neue. Ja, denkst du vielleicht, mit der nächsten hast du keine Meinungsverschiedenheiten? Wenn dir bei der ersten nicht gepasst hat, dass sie so ruhig war, passt dir bei der zweiten vielleicht nicht, dass sie so lebhaft ist. Irgendeine Macke hat schließlich jeder. Egal, mit wem du zusammenlebst, du wirst dich immer mit etwas abfinden müssen, was dir nicht gefällt. Statt von vornherein zu kapitulieren, solltest du erst mal probieren, mit der Schwierigkeit fertig zu werden. Nicht immer gleich sagen: »Ich kann nicht.«
Allerdings muss ich zugeben: Es gibt Menschen, mit denen kann man tatsächlich nicht diskutieren. Mit manchen Leuten ist jede Unterhaltung sinnlos. Mit manchen kann man einfach nicht zusammenleben, und in so einem Falle bleibt dann nur eins übrig: die Trennung.

So war das bei Abraham und Lot. Abraham hat alles versucht, um die Sache mit Lot wieder ins Lot zu bringen, aber es war nichts zu machen. Da macht Abraham einen Vorschlag, und ich bitte zu beachten, dass er damit erst rausrückt, nachdem alle anderen Einigungsbemühungen fehlgeschlagen sind. Er sagt: *»Lass doch keinen Streit sein zwischen mir und dir und zwischen meinen und deinen Hirten; denn wir sind doch Brüder. Steht dir nicht alles Land offen? Trenne dich von mir! Willst du nach links, so will ich nach rechts, oder willst du nach rechts, dann will ich nach links«* (1Mose 13,8).

Leben und leben lassen

An diesem Vorschlag finde ich dreierlei gut.
Erstens ist gut, dass Abraham den Vorschlag überhaupt macht. Es hat ja keinen Zweck, sich was vorzumachen, sondern wenn es wirklich nicht mehr geht, sollte man nüchtern genug sein, auseinander zu gehen. Ich rede jetzt nicht von der Ehe und der Ehescheidung, da liegen die Dinge ganz anders, das Problem lassen wir jetzt mal aus. Dass mir ja keiner hinterher ankommt und behauptet, ich hätte zur Ehescheidung geraten. Kein Gedanke!
Aber wo steht denn geschrieben, dass Menschen, die nicht zusammenpassen, um jeden Preis zusammenbleiben müssen? In der Bibel steht das jedenfalls nicht. Die Devise »Einheit um jeden Preis« führt bloß zu Krampf und Heuchelei. Gott hat die Menschen nun mal verschieden gemacht. Und was Gott durch verschiedenen Charakter, Geschmack, Lebensweise usw. geschieden hat, das soll der Mensch nicht zusammenfügen.
Ich habe z.B. einen Bruder, der ist aus der Kirche ausgetreten. Zwischen uns gibt es keine ideologische Koexistenz, uns trennen Welten. Aber deswegen sind wir doch lange nicht miteinander verfeindet. Schließlich sind wir doch Brüder.

Und das ist das Zweite, was mir an Abrahams Vorschlag so gut gefällt. Der kündigt dem andern nicht, weil der anders ist, die Bruderschaft auf, sondern er sagt im Gegenteil: »Jetzt bleibt's gerade dabei. Wir sind doch Brüder. Wie die Sache zwischen uns beiden steht, können wir uns nicht vor lauter Liebe um den Hals fallen. Aber wenn wir uns trennen, können wir uns wenigstens nicht mehr auf die Nerven fallen. Und die Trennung ist ja kein Grund, dass wir über uns herfallen. Sondern wir wollen friedlich-schiedlich nebeneinander leben, ohne uns zu bekämpfen.«

Wir sind doch Brüder – das gilt auch für unser Volk. Das gilt erst recht für Araber und Israelis, die beide von dem gleichen Vater abstammen, nämlich von Abraham.

Wir erkennen heute immer mehr, dass wir, um im Frieden leben zu können, nach der Devise Abrahams leben müssen: »Wir sind doch Brüder«. Dieser Satz ist kein Wandspruch für Pastorenstuben, sondern eine politische Notwendigkeit. Ohne diesen Geist der Brüderlichkeit wird unsere Welt nicht zur Ruhe kommen.

Schließlich das Dritte, was mir an Abrahams Vorschlag gefällt: Er pocht nicht auf sein Recht. Er hätte ja sagen können: »Gott hat mir das Land gegeben, ich bin der Ältere, also werde ich jetzt bestimmen, wie das Land geteilt wird.« Aber das sagt er eben nicht. Denn er will unter allen Umständen den Frieden. Er weiß, dass er dafür vielleicht teuer bezahlen muss. Er weiß aber auch, dass der Unfriede noch schlimmer ist. Und er weiß vor allem, dass Gott auf seiner Seite ist.

Jeder Mensch, der ernsthaft den Frieden will, kann das wissen. Wenn du zu Hause Krach hast und du derjenige bei euch bist, der ehrlich den Frieden will, dann kannst du überzeugt sein, dass Gott mit dir ist. Dann kannst du sogar auf dein gutes Recht verzichten, ohne Angst zu haben, dass du dabei den Dummen machst.

Lot liebt Lotto

Für Abraham sah es zunächst auch so aus, als ob er der Dumme wäre. Denn als er Lot das ganze, weite Land zeigt – auf der einen Seite steinige Berge, auf der anderen die blühende Jordanebene mit den beiden flotten Städtchen Sodom und Gomorra –, da entscheidet sich Lot natürlich für die Jordangegend. Für Abraham bleiben ein paar ausgedörrte Hügel übrig, und Lot kann über seinen frommen Onkel, der offenbar zu dämlich ist, seine berechtigten Ansprüche durchzusetzen, nur feixen.

Man kann dem Lot ja auch bescheinigen: Vom rein wirtschaftlichen Standpunkt aus hat er eine vorzügliche Wahl getroffen. Aber man sollte Lebensentscheidungen nicht bloß unter wirtschaftlichen Gesichtspunkten fällen. Das Glück deines Lebens hängt nicht ab von dem Posten, auf dem du sitzt oder nach dem du so eifrig strebst, sondern von dem Segen, der von Gott kommt. Das hatte Lot übersehen. Als der typische Mitläufer hatte er von dem Segen, den Gott auf Abraham gelegt hatte, profitiert, solange er konnte. Als er woanders mehr Vorteile sieht, da pfeift er auf den lieben Gott und haut ab ins Lager der Gegner. Der Erfolg gibt ihm Recht. Lot kommt wirtschaftlich ganz groß raus. Bis ein paar Jahre später der Abraham wieder an der gleichen Stelle steht, wo er sich von Lot getrennt hatte.

Wieder sieht er über das ganze, weite Land, aber dort, wo früher Sodom und Gomorra lagen, sieht er eine riesige Rauchwolke aufsteigen, unter der die beiden Städte in Schutt und Asche versinken. Was war passiert?

Die Gegend um Sodom war zwar schön, aber die Menschen dort waren schlecht, sexuell hemmungslos, brutal, gewalttätig, gottlos, und Gott ließ sie wegen ihrer Sünde in einer schrecklichen Katastrophe untergehen. Nur der Fürbitte Abrahams hatten es Lot und seine Frau zu verdanken, dass sie gerettet

wurden. Aber weil sie alle beide Menschen mit nur halbem Glauben waren, hat ihnen das auch nichts genützt. Lot war gerettet, aber er versank danach wieder in ein gottloses, heidnisches Leben. Und seine Frau war auch schon gerettet, aber sie starb trotzdem, weil sie Gott nicht ganz gehorsam war.
Gott hatte die beiden durch seine Boten gewarnt. Er hatte ihnen sagen lassen: »Über diese Stadt kommt ein Strafgericht. Haut ab, lasst alles stehen und liegen, lauft, rennt um euer Leben, aber seht euch nicht um!« Lots Frau sah sich um nach ihrem Häuschen mit den schönen Teppichen, den vielen Gläsern mit Eingemachtem. Sie hing noch zu sehr an ihrem alten Leben, und deshalb konnte sie das neue Leben nicht bekommen. Lots Frau sah sich um, und sie starb auf der Stelle. Jesus sagt: »Wer die Hand an das Lenkrad legt und sieht zurück, der ist untauglich für das Reich Gottes.«

Benutz das Rückgrat – nicht den Rückspiegel

Wenn Gott dich ruft – und er ruft dich ja jetzt in diesem Augenblick – und du ihm folgen willst, dann musst du wissen: Du musst dich von manchen Dingen radikal trennen. Mit manchen Dingen und Menschen musst du ohne Rücksicht auf Verluste Schluss machen.
Du brauchst als Christ nicht aus der Welt zu fliehen. Aber du musst dich als Christ von manchen Dingen dieser Welt distanzieren. Dazu gehört heute z.B. die Jagd nach dem eigenen Vorteil, der Hass gegen Andersdenkende, der Krieg. Da kannst du als Christ einfach nicht mitmachen. Oder wenn es heute auf sexuellem Gebiet zugeht wie in Sodom und Gomorra, wenn es heute üblich ist, dass jeder mit jeder schläft, wenn das deine ganze Klasse macht – dann kannst du als Christ da eben nicht mitmachen. Da darfst du eben auf solche Parties, wo du von vornherein weißt, dass Gruppensex

und Saufen dran ist, gar nicht erst hingehen. Da musst du dich raushalten, auch wenn dich deine Kumpels deswegen für dämlich halten.
Wenn du dich bereits bekehrt hast und dich zu den Geretteten zählst, aber immer noch mit den falschen Freunden verkehrst, immer noch an den falschen Lebensgewohnheiten festhältst, dann nützt dir deine Bekehrung einen alten Dreck. Wenn du ein Rückversicherer bist, wenn du zurücksiehst wie Lots Frau – Was machen die anderen? Was sagen die über mich? – dann bist du erledigt. Dann bist du schon ausgeflippt aus Gottes Reich, bist schon gerichtet, noch bevor Christus zum Gericht kommt.
Es kommt ja für uns alle das Gericht, es kommt das Weltende, und in dieser Katastrophe, für die Sodom und Gomorra nur ein kleines Vorspiel war, werden alle umkommen, die nicht mit Jesus gelebt haben.

Das Gericht ist kein Gerücht

Ich weiß, dass heute viele höhnisch lächeln, wenn die Bibel von Gericht und Weltende spricht. Das war schon zu Lots Zeiten so. Als den Bürgern von Sodom durch Gottes Boten gesagt wurde: »Gott kommt mit einem Strafgericht über die Stadt, rettet euch!«, da haben die Bürger von Sodom, so steht hier in der Bibel, da haben die das einfach »lächerlich« gefunden (1Mose 19,14). Viele bezeichnen heute die Rede vom Weltende als lächerlich, als unwissenschaftliches Palaver. Dabei sind es heute ausgerechnet die Wissenschaftler, die vom Weltende reden, manchmal eindrücklicher und alarmierender als die Bibel selber.
Es gibt Wissenschaftler, die sagen: »Unsere Erde ist bereits völlig verseucht. Es gibt nur noch eine Chance zum Überleben: wenn die Menschheit sofort aufhört mit Raubbau, Um-

weltverschmutzung und Krieg.« Aber es sieht nicht so aus, als ob die Menschheit vernünftig würde. Ich will euch bloß mal paar Zahlen nennen:

Im Krieg 1870/71 gab es 54.000 Gefallene. Im 1. Weltkrieg gab es 2.050.000 Gefallene, im 2. Weltkrieg 3.250.000 Gefallene und 3.640.000 Ziviltote. Das sind nur die Zahlen von Deutschland, dazu kommen noch die anderen Völker, die Millionen verloren haben. Und wir dürfen nicht vergessen, dass es seit dem 2. Weltkrieg über hundert Kriege gegeben hat, in denen in 60 Ländern mehr als 10 Millionen Menschen getötet wurden. Das ist die traurige Bilanz der Generation des 20. Jahrhunderts.

Nein, es sieht leider nicht so aus, als ob der Mensch etwas aus der Geschichte lernen würde, als ob die Menschheit endlich vernünftig werden würde. Deshalb verstehe ich, dass es Wissenschaftler gibt, die das Weltende für die allernächste Zeit prophezeien. Es gibt sogar welche, die sagen: »Unsere Generation wird die letzte sein auf dem Planeten Erde.«

Ich kann das nicht nachprüfen, wieviel Zeit wir noch haben. Aber ich habe kapiert, dass wir uns mit rasender Geschwindigkeit einer unvorstellbaren Katastrophe nähern – schon allein, was den Hunger in der Welt betrifft. Dass jährlich etwa 50 Millionen am Hunger sterben, während ein kleiner Teil der Weltbevölkerung Fettlebe macht, das kann auf die Dauer nicht gut gehen.

Wer das nicht sieht, ist einfach nicht über die nackten Tatsachen informiert. Wer das verharmlost, ist sträflich naiv. Wer nichts dagegen tut, ist ein asoziales Element. Ich kann nicht sagen, wann das Weltende kommt. Das kann keiner. Ich weiß nur: Das Ende kommt, und es kommt das Gericht. Da wirst du dabei sein. Du wirst noch einmal vor Gott stehen. Und es gibt nur einen einzigen, der dich aus dem Gericht retten kann – das ist Jesus Christus, der Sohn Gottes. Über den ist schon am Kreuz von Golgatha das Strafgericht niedergegangen, das

dich eigentlich treffen müsste. Wenn du dich an den klammerst, dann kann dich das Gericht nicht mehr treffen. Und ich weiß, dass Jesus dich nicht verlieren möchte. Deshalb sage ich dir: Komm zu Jesus und gib dich ihm ganz!
Jesus sagt zu seinen Gegnern: »Dem Lande der Sodomer und Gomorrer wird es erträglicher gehen am Tage des Gerichts als euch« (Matthäus 10,15).
Zu seinen Nachfolgern sagt er: »Wer mein Wort hört und glaubt dem, der mich gesandt hat, der hat das ewige Leben und kommt nicht in das Gericht, sondern er ist vom Tode zum Leben hindurchgedrungen« (Johannes 5,24). Und zu allen Mitläufern und halben Christen sagt er: »Ich kenne euer Tun. Ich weiß, dass ihr weder warm noch kalt seid. Wenn ihr wenigstens eins von beiden wärt! Aber ihr seid weder warm noch kalt; ihr seid lauwarm. Darum werde ich euch aus meinem Munde ausspucken« (Offenbarung 3,15).
Mitläufer sind eklig. Gegner sind bedauernswert. Nachfolger sind beneidenswert, denn sie sind besser dran.

Wir sind frei, auch im Gericht.
Etwas Bess're gibt es nicht.

Streit um ein T-Shirt

1Mose 41,1–46

Ein Vater sagt zu seinem Sohn, als der ihm seine Zensuren zeigt: »Du solltest dich schämen! In deinem Alter war Helmut Kohl Klassenbester!«
Sagt der Sohn: »Und in deinem Alter war er Bundeskanzler.«
Es gibt eben Leute, die haben grundsätzlich was an der Jugend auszusetzen. Da hat z.B. einer geschrieben: »Die heutige Jugend liebt den Luxus, hat schlechte Manieren und keinen Respekt vor dem Alter. Die jungen Leute stehen nicht auf, wenn ältere das Zimmer betreten. Sie widersprechen den Eltern, schwatzen in Gegenwart anderer, schmatzen beim Essen und tyrannisieren ihre Lehrer.« Und ein anderer hat gesagt: »Ich habe keine Hoffnung mehr für die Zukunft unseres Volkes, wenn diese Zukunft von der leichtfertigen Jugend abhängt. Denn diese Jugend ist ohne den geringsten Zweifel von einer unerträglichen Unverschämtheit und will alles besser wissen. Als ich jung war, brachte man uns gute Manieren und Respekt vor dem Alter bei. Aber die Jugend von heute will alles besser wissen und ist voller Widerrede.«
Die beiden Herren, die das gesagt haben, heißen *Sokrates* und *Hesiod* und haben 500 bzw. 700 Jahre vor Christus gelebt. Ihr seht: Die Menschen haben sich nicht geändert. Die Jugend ist heute die gleiche wie damals, und die Alten, die über die Jugend meckern, sind auch die gleichen.
Die Zeiten haben sich geändert; die Sitten haben sich geändert; die ganze Welt hat sich geändert. Aber dreierlei ist durch die Jahrtausende hindurch gleich geblieben: Der Mensch hat sich nicht geändert – Gott hat sich nicht geändert – Gottes Wort hat sich nicht geändert. Es spielt deshalb keine Rolle, dass die Geschichte, die ich euch aus der Bibel erzähle, uralt

ist, nämlich 4500 Jahre. Es ist die Geschichte eines Siebzehnjährigen.

Prinzipienmüllentsorgungskonzept

Mit siebzehn, so sagt man, fängt das Leben erst an. Da ist noch nicht alles so festgelegt. Da ist noch alles drin. Bei dem Siebzehnjährigen, von dem ich heute rede, war auch noch alles drin. Nur eins stand bei dem fest: Er wollte niemals, unter keinen Umständen, eine Sünde tun. Er wollte Gott gehorchen. Dazu war er fest entschlossen. Das war die Grundsatzentscheidung seines jungen Lebens. Ohne diese Entscheidung wäre sein Leben völlig anders verlaufen. Und auch der Verlauf deines Lebens hängt davon ab, ob du mit oder ohne Gott leben willst. Um diese Entscheidung geht es heute.

Sag nicht: »Dazu bin ich zu jung.« Eben nicht! In der Bibel steht: »Denk an deinen Schöpfer in deiner Jugend!« Also nicht *obwohl* du jung bist, sondern *weil* du jung bist, will Gott dich haben. Die Frage ist bloß, ob du willst. Josef, so hieß der Siebzehnjährige, von dem ich rede, Josef wollte. Er hatte sich schon als junger Mann für Gott entschieden. Das war schon damals nicht leicht. Wenn einer nach dem Grundsatz lebt: »Ich will niemandem Unrecht tun«, dann sollte man meinen, der müsste bei allen Leuten beliebt sein. Aber Josef war nicht beliebt. Er hatte noch elf Brüder, und die konnten ihn alle nicht leiden. Nicht etwa, weil er zu denen besonders boshaft gewesen wäre, sondern weil er ihre Bosheiten nicht mitmachte, hatten sie ein Horn auf ihn. Deshalb beschlossen sie, ihn aus dem Weg zu räumen.

Genauso war's später bei Jesus. Der war bei seinen Zeitgenossen verhasst – nicht, weil er ein besonders schlechter Mensch gewesen wäre, sondern weil er die Heuchelei, die Verlogenheit, die Ungerechtigkeit und Lieblosigkeit nicht mitgemacht hat, deshalb beschlossen sie, ihn aus dem Weg zu räumen. Jesus war nicht tragbar, weil er zu ehrlich war, weil er die Wahrheit sagte.

So ist das immer wieder. Solange du jeden Blödsinn mitmachst, giltst du als echter Kumpel. Solange du deine Kirchensteuern zahlst und die Klappe hältst, hat keiner was gegen dich einzuwenden. Aber wenn du anfängst, konsequent nach dem Wort Gottes zu handeln, ist es aus mit deiner Beliebtheit. Solange du zu den schweinischen Witzen deiner Kumpels mitfeixt, bist du in der Clique akzeptiert. Wenn du sie aber merken lässt, dass dich das anödet, bist du bei denen unten durch. »Das befremdet sie«, steht in der Bibel, »weil ihr euch an ihren hemmungslosen und unordentlichen Praktiken nicht mehr beteiligt, und deshalb lästern sie über euch« (1Petrus 4,4). Unkollegial, weltfremd, dämlich nennen sie dich dann. Und wenn du sagst: »Ich kann über eure blöden Witze nicht lachen, weil ich Christ bin«, dann sagen sie: »Andere Christen können's doch auch. Hab dich doch nicht so zimperlich. Du bist ja übertrieben, extrem, fanatisch!«

Und heute wird jeder, der konsequent nach der Bibel lebt, als »Fundamentalist« abqualifiziert – als ob das was Negatives wäre, wenn einer die Bibel als Lebensfundament hat. Im Gegenteil, mit beiden Beinen fest im Wort Gottes stehen – das ist der sicherste Standpunkt der Welt.

Halbe Christen, die alles mitmachen, lässt sich die Welt gerne gefallen. Die sind harmlos, die stören nicht, vor denen fürchtet sich keiner, vor denen hat aber auch keiner Respekt. Aber sobald du mit Gott ganze Sache machst, ihm dein Leben ganz gibst, ganz gehorchst, ganz nach der Bibel lebst, machst du dich bei deiner Umgebung auffällig oder sogar unbeliebt.

Der Besserjosy

Viele Christen sind mächtig scharf drauf, von aller Welt als guter Kumpel anerkannt zu werden.
Manche passen sich so gut an, reden, schreiben und tun dasselbe wie die andern, dass man sie von einem Ungläubigen schon nicht mehr unterscheiden kann, und darauf sind sie noch stolz. Ein Mensch, der mit Gott lebt, ist anders, muss anders sein als einer, der ohne Gott lebt. Das merkt man dem an. Merkt man dir das eigentlich an? Dem Josef jedenfalls merkten das seine Brüder sehr deutlich an. Nicht daran, dass er zur Kirche ging am Feiertag, sondern an seinem Verhalten im Alltag. Wenn die während der Feldarbeit ihre Zigarettenpause machten und blöde rumquasselten, z.B. ihre Verwandtschaft madig machten, also beim Familientratsch, da machte er eben nicht mit. Klar, dass das seinen Brüdern nicht passte. Umso mehr gefiel das seinem Vater. Das war der alte Jakob, der hatte viele graue Haare, denn er hatte viele Kinder – Stücker 12 Jungen. Mit denen hatte er einen Haufen Ärger gehabt. Einige hatten gehurt, andere gemordet. Schon damals gab es also eine ziemlich hohe Jugendkriminalität. Da kann man verstehen, dass Papa Jakob froh war, dass wenigstens einer seiner Jungs ein frommes Leben führte. Man kann verstehen, dass er Josef besonders liebte. Aber es war falsch, dass er ihn besonders bevorzugte. Es bringt immer Ärger, wenn Eltern ein Lieblingskind haben und es offensichtlich bevorzugen.
Eines Tages schenkt Jakob seinem Josef ein besonders poppiges T-Shirt. Vorn die amerikanische Flagge mit dem Kopf von Gorbatschow, hinten Michael Jackson mit Hammer und Sichel – also ideologisch nicht tragbar, aber vom rein bekleidungsmäßigen Standpunkt aus betrachtet ein Traum von einem Hemd.
Als die elf Brüder in ihren etwas weniger farbenfrohen Versandhaus-Katalog-Hemden das schreiend bunte T-Shirt sahen,

wurde es ihnen zu bunt. Sie packte der Neid. Und dazu kam noch folgendes: Josef hatte zwei Träume. Ehrlich und geradezu, wie er nun mal war, erzählt er die brühwarm beim Frühstück seinen Brüdern: »Wir waren auf dem Feld und banden das Getreide in Garben zusammen. Da richtete sich meine auf und blieb aufrecht stehen. Eure dagegen bildeten einen Kreis darum und verbeugten sich tief vor meiner Garbe.« »Was, du willst also König werden und dich als Herrscher über uns aufspielen?« schrien seine Brüder (1Mose 37,7–9). Sie hassten ihn noch mehr, weil er ihnen von diesem Traum berichtet hatte.
Bald darauf hatte Josef wieder einen Traum, und auch diesen erzählte er seinen Brüdern. »Ich sah, wie die Sonne, der Mond und elf Sterne sich tief vor mir verbeugten.«
Das war der Gipfel. Der Bursche träumte also davon, was Besseres zu sein – die Wut der Brüder steigerte sich zur Weißglut. Jetzt warteten sie bloß noch auf eine Gelegenheit, ihr traumhaftes Brüderchen mal so richtig reinzulegen. Diese Gelegenheit kam sehr schnell.

Im Hassen nicht zu fassen

Als die Brüder mit den Herden weit weg auf der Weide waren, durfte Josef daheim bei Vatern bleiben und mit seinen Meerschweinchen spielen. Eines Tages ruft ihn sein Vater: »Komm mal her! Ich will dich zu deinen Brüdern schicken.«
Josef hatte bestimmt keine Sehnsucht nach denen. Trotzdem sagt er sofort: »Hier bin ich. Ich gehe.« Gott, unser Vater im Himmel, ruft uns oft genauso zu bestimmten Aufgaben.
Bist du auch so schnell bereit, Gottes Aufträge auszuführen, auch dann, wenn du keine Lust hast? Wie lange brauchst du manchmal, bis du endlich das tust, was Gott von dir verlangt? Wie viel Ausreden hast du schon vorgebracht, wie oft dich taub gestellt, wie oft hast du nicht gehorcht?

Ein Prediger hatte in seinem Zimmer einen Zettel an die Wand gezweckt, da standen drei Worte drauf: *Ganz! Gern! Gleich!* Das ist der Schlüssel zu einem gesegneten Leben. Völliger, bereitwilliger, pünktlicher Gehorsam gegenüber Gott. Du wirst es bestimmt nicht bereuen, wenn du diese drei Worte zum Grundsatz deines Lebens machst: Ganz! Gern! Gleich!

Josef übernimmt sofort den Auftrag seines Vaters, zu seinen Brüdern zu gehen. Du hast, wenn du ein Kind Gottes bist, genau den gleichen Auftrag. Wenn du z.B. zum Bund, zur Ausbildung, zum Studium in eine fremde Stadt kommst, dann suche möglichst schnell Kontakt zu anderen Christen. Fang in deiner Stube, in deiner Kompanie an, und wenn du Ausgang hast, dann schiel nicht bloß nach der nächsten Kneipe und den Mädchen, sondern pass auf, wo eine Kirche steht und wo du Glaubensbrüder finden kannst. Du kannst sicher sein, dass dich deine Brüder mit offenen Armen empfangen und nicht so feindselig wie die damals den Josef.

Als die ihn entdecken, wie er auf sie zumarschiert kommt, johlen sie gleich los: »Da kommt ja unser Träumer!« Und wie sie ihn näher kommen sehen, in seinem bunten Hemd, da kommt ihnen der alte Hass hoch, und dann kommt ihnen eine Idee: Das ist die Chance, diesem Spinner zu beweisen, was seine Träume wert sind. Die Gelegenheit ist günstig, weit und breit kein Mensch zu sehen: »Und sie machten einen Plan, ihn zu töten« (Vers 18).

Zu *töten*! Das muss man sich mal vorstellen! Das steht ja in keinem Verhältnis zu dem, was sie gegen den Josef hatten. Ich meine, mal so 'ne richtige Tracht Prügel, das wär' ja unter Brüdern noch 'ne angemessene Umgangsform gewesen. Aber Hass macht maßlos. Hass macht blind. Wenn du lange genug den Hass in deinem Herzen züchtest, dann bist du schließlich zu allem fähig, bloß nicht mehr zum logischen Denken. Wozu hassende Menschen fähig sind, kannst du überall sehen, wo Krieg ist. Ohne Hass gäbe es keinen Krieg.

Wenn wir eine Welt ohne Kriege wollen, müssen wir als erstes aufhören zu hassen. Durch den Hass bekommt die Welt keinen Frieden, bekommst du keinen Frieden in deinem Leben. Deshalb rate ich dir: Schmeiß den Hass aus deinem Herzen, bevor er dich überwältigt und du dich und andere unglücklich machst. Wenn du einen Menschen hasst – du hörst seinen Namen, und schon kommt dir die Galle hoch, du könntest ihn ohrfeigen, bloß wenn du ihn siehst – dann bring diesen Hass zu Jesus. Sag ihm: »Herr, ich kann diesen Kerl einfach nicht riechen, und ich kann ihn erst recht nicht lieben. Bitte, hilf mir, bitte, nimm mir diesen Hass!«
Am besten ist es, du gehst in so einem Fall zu einem Seelsorger und erzählst ihm alles. Das Bekenntnis der Sünde ist der erste Schritt zur Befreiung. Wenn du eine Sünde – und Hass ist eine – offen aussprichst, versetzt du ihr schon einen tödlichen Stoß. Sünde ist Widerspruch gegen Gott. Beim Hass verachtest du ein Geschöpf Gottes, beleidigst einen Freund Gottes und tust damit Gott weh. Sprich dich aus, vor Gott und Menschen, und wenn es dich noch so große Überwindung kostet, aber dulde keine Sünde in deinem Herzen, denn das kostet dich noch viel mehr.

Kidnapping als happening

Josefs Brüder hatten nichts gegen ihren Hass getan, und jetzt schlugen die Wellen des Hasses über ihnen zusammen: »Kommt, wir töten den und schmeißen ihn in eine Grube« (Vers 20).
Alle sind dafür, bis auf einen. Wo die Mehrheit ist, ist nicht immer die Wahrheit. Die falschen Dampfer sind meistens überfüllt. Der einzige, der gegen den Plan ist, ist Ruben.
Eigentlich war Ruben ein ziemlicher Rohling. Der hatte sogar schon mal mit seiner Stiefmutter geschlafen, und seither hatte

das Verhältnis zwischen ihm und seinem Vater einen unheilbaren Knacks. Ruben wusste, was es heißt, dem Vater einen Schmerz zuzufügen. Das wollte er nicht noch mal. Aber er wagte nicht, das seinen Brüdern zu erklären, aus Angst, die könnten dann sagen: »Das erzählst du uns? Rücksicht auf den Vater? Ausgerechnet du? Du hast genug Dreck am Stecken. Du hast dem Vater genug Ärger gemacht. Du bist echt der Letzte, der sich hier als Moralprediger aufspielen könnte.« Also sagt er lieber nichts. Seine Sünde verschließt ihm den Mund. Sie nimmt ihm die Kraft, gegen die Sünde der anderen zu protestieren.

So geht das, wenn du in deinem Leben eine Sünde hast. Dann hast du keine Kraft mehr, dich gegen das Unrecht zu wehren und andere von der Sünde abzuhalten. Die anderen wussten, dass Ruben mal mit seiner Stiefmutter geschlafen hatte, und damit hatten sie ihn in der Hand. So wie die Stasi jeden in der Hand hatte, von dem sie irgendwas Unrechtes wusste. Ich weiß nicht, wie die vielen Spitzel, die über mich berichtet hatten, zur Stasi gekommen sind. Aber ich vermute, dass viele einfach zur Mitarbeit gezwungen wurden, weil sie erpressbar waren. Wie dem auch sei, ich weiß jetzt, wie viele jeden Jugendgottesdienst für die Stasi mitgeschrieben haben. Manche haben sich in unsere Mitarbeiterschaft eingeschlichen. Manche haben die Frechheit besessen, sich hier vorn hinzusetzen und vor meinen Augen die Predigt mit dem Kassettenrecorder aufzunehmen, als ob es für sie privat wäre, dabei war es für die Stasi. Es hat sich kein einziger von denen bei mir gemeldet oder entschuldigt.

Im Jüngsten Gericht kommt sowieso alles raus, deshalb rate ich jedem: Erstens, pass auf, dass es in deinem Leben keine Sünde gibt, damit dich keiner erpressen kann. Und zweitens, wenn's passiert ist, dann schleppe keine Sünde mit dir rum, du machst es dadurch nur schlimmer.

Egal, wer oder was dich knechtet, du kannst davon frei werden. Es gibt einen, nur einen, der dich frei macht von jeder

Schuld, von jeder Bindung. Ich sage: *von jeder.* Und das ist Jesus. Gib ihm dein Leben, und du bist gerettet. Du bist frei. Du kannst leben ohne Angst vor den anderen, ohne Hass auf die anderen, ohne vor dir selber ausspucken zu müssen, wie Ruben. Dem ist völlig klar, in welche Schweinerei er hier reingezogen wird, aber er hat keine Kraft, sich gegen die Mehrheit der Mörder zu stemmen. Er startet wenigstens einen schwachen Versuch, seinen Bruder zu retten, und sagt: »Vergießt kein Blut, sondern werft ihn bloß in die Grube« (Vers 22). Auf diesen Vorschlag gehen sie ein, aber Ruben geht fort. Er kann es nicht mit ansehen, wie sie sich auf Josef stürzen. Er verschließt vor dem Unrecht die Augen. Das spricht ihn nicht von der Mitschuld frei. Denn es stimmt, was Martin Luther King gesagt hat: »Wer auch nur passiv zum Bösen schweigt, macht sich ebenso schuldig wie der, der mithilft, es zu tun.«

Fisimatenten im fiesen Match

Josefs Brüder fallen über ihn her – fast ein Dutzend gegen einen. Als erstes reißen sie ihm das verhasste T-Shirt runter, dann schmeißen sie ihn runter in die Grube: »Soll er schreien, verdursten, verrecken. Was geht's uns an? Den sind wir los.« Nächster Satz: »Und sie setzten sich nieder, um zu essen« (Vers 25). Mahlzeit!

Das muss man sich mal vorstellen: Die Mörder veranstalten wenige Meter neben der Grube, in der ihr unschuldiges Opfer liegt, ein fröhliches Picknick. Sie fressen die Leckerbissen, die Josef ihnen vom Vater mitgebracht hatte. Und während Josef aus der Grube schreit: »Meine Brüder, meine Brüder, warum habt ihr mich verstoßen?«, da überlegen sie nur, was sie mit seinem bunten T-Shirt anfangen könnten. Und es stört sie nicht, dass da ein Unschuldiger leidet. Sie verspotten ihn

noch: »Na, wie träumt sich's da unten? Träumst du immer noch davon, der Boss von uns zu sein, vor dem wir uns verbeugen müssten? Steig doch rauf, wenn du der Größte bist!« Zweieinhalbtausend Jahre später wird Jesus von seinen Blutsbrüdern ans Messer geliefert. Es stört sie nicht, dass da ein Unschuldiger am Kreuz hängt, und sie verspotten ihn auch noch: »Na, träumst du immer noch davon, unser König zu sein? Wenn du der Herr, der Höchste bist, dann steig doch runter!« Und sie überlegen nur, was sie mit seinem Hemd anfangen können, um das sie würfeln und auf das sie alle scharf sind. Und während Jesus schreit: »Mein Gott, mein Gott, warum hast du mich verlassen?«, da feilschen sie ein paar Meter weiter um seine Klamotten. Jesus starb, aber nach drei Tagen hat Gott ihn aus seinem Grab rausgeholt. Josef holt er schon nach drei Stunden aus seiner Grube. Da kam nämlich eine Karawane, die zog ins ferne Ägypten. Was also lag näher, als den lästigen Josef auf diesem Wege abzuschieben und noch ein Geschäft daraus zu machen, denn damals verkaufte man Menschen als Sklaven für Geld.
Einer der Brüder, er hieß Juda (fast wie der Verräter von Jesus), rief beim Anblick der Karawane: »Was haben wir davon, wenn wir unseren Bruder töten und hier in die Grube stecken? Wir verkaufen ihn, damit sich unsere Hände nicht an ihm vergreifen, denn« (und jetzt kommt der Gipfel der Heuchelei) »denn schließlich ist er ja unser Bruder, unser Fleisch und Blut« (Vers 27). Und so verkaufen sie ihr Fleisch und Blut für zwanzig Silberstücke. Damals waren die Preise noch niedrig, aber auch im Menschenhandel sind die Preise gestiegen. Als später der Jünger Judas Jesus verkaufte, erzielte er bereits dreißig Silberstücke, und heute ist der Handel mit Menschen oder menschlichen Teilen, mit Organen und Embryonen ein Geschäft, mit dem Millionen gemacht werden. Der Fortschritt der menschlichen Geldgier, Grausamkeit und Gottlosigkeit ist gigantisch.

Während Josef im Sklaventreck mit nacktem Oberkörper durch die Wüste in Richtung Ägypten abmarschiert, bespritzen seine Brüder sein buntes T-Shirt mit Blut, schicken es seinem Vater und heften einen Zettel dran: »Sorry, Papa, das haben wir in der Wüste gefunden. Ist das nicht zufällig das Hemd deines Sohnes? Sieht mächtig böse aus. Scheint ihn ein Löwe erwischt zu haben. Herzliches Beileid. Deine dich liebenden Kinder.«

Abkippen und Ausflippen

Vater Jakob ist untröstlich. Ist fertig. Er denkt, muss es ja denken, dass Josef tot ist. Als die Brüder heimkommen und ihren Vater in seiner Trauer sehen, dreht es ihnen das Herz rum. Aber sie können ihm ja nicht sagen, dass Josef lebt. Dann käme ja alles raus. Dann hätten sie ja ihre Schuld bekennen müssen. Es wäre hundertmal besser gewesen, die ganze Schuld zu bekennen, als mit dieser Last weiterzuleben. Zweiundzwanzig Jahre lang stehen sie unter dem Druck ihrer Schuld. Zweiundzwanzig Jahre lang Josefs Geburtstag, wo der Vater heult und eine Kerze anzündet. Zweiundzwanzig Jahre lang Angst und ein schlechtes Gewissen – bis dann sowieso alles rauskommt. Hast du auch sowas in deinem Leben, das wie eine Last auf deiner Seele liegt, dich fertig macht, dich noch in deinen Träumen quält? Gib es doch zu! Sprich dich aus! Bekenne die alte Geschichte, die dein ganzes Leben zerstört! Du machst dich nur noch unglücklicher, wenn du es nicht tust. Und wenn es dir noch so schwer fällt, wenn es dir peinlich ist, du dich blamierst, schämst, wenn du mit einer Strafe rechnen musst – das alles ist immer noch besser als ein schlechtes Gewissen und die Strafe im Jüngsten Gericht, wo sowieso alles raus- und zur Sprache kommt. Ich rede jetzt nicht zu denen von euch, die bloß so paar Puppensünden ha-

ben, Kleinkram, der nicht so ins Gewicht fällt, obwohl auch das bekannt und bereinigt werden muss. Sondern ich wende mich jetzt an die, die einen richtigen Brocken auf dem Buckel haben, die unter dem Gewicht ihrer Schuld leiden, die sie loswerden möchten, sich aber zu keiner Aussprache trauen. Freunde, ich weiß, wie schwer, wie unheimlich schwer das ist, vor einem Menschen Dinge auszusprechen, für die man sich zu Tode schämt. Ich hab' welche gesehn, auch junge Männer, die haben geheult, die haben gewürgt, die konnten kaum sprechen vor Scham, das ist ein harter Kampf. Im Kreis der Kumpel an der Pommesbude beim Frittenfressen die große Fresse haben, das kann jeder Feigling. Aber Sünde zugeben, dazu gehört Mut. Ich kann euch nur sagen: Es gehört zu den wunderbarsten Erfahrungen meines Lebens, wenn ich sehen konnte, wie von so einem unglücklichen Menschen eine Last abfällt, es ihm leichter wird. Wie ein Menschengesicht sich verwandelt von der Angst in die Freude. Wie einer dann, wenn's endlich raus ist und er Gottes Vergebung erhalten hat, aufatmet, aufsteht und mit einem glücklichen Gesicht davongeht. Das ist eine neue Geburt.
Ich möchte dir Mut machen, endlich diesen Schritt zu tun. Denn wenn es dir äußerlich noch so gut geht – was nützt dir das, wenn du keinen Frieden mit Gott hast? Dann bist du zwar am Leben, aber praktisch bist du tot. Denn ein Leben in Angst, in Schuld, in Abhängigkeit, gebunden an den Alkohol, zerfressen vom Hass, ein Leben ohne Freude, ohne Hoffnung, ohne Vergebung – das ist eben kein Leben. Aber du kannst ein neues Leben haben, wenn du willst. Egal, wie dein Leben bis jetzt verlaufen ist und in wie viel blöden Sachen du drin hängst – du kannst raus! Komm, sprich deine Schuld aus, und deine Sklaverei ist vorbei. Es gibt einen Weg in die Freiheit, auch für dich. Es gibt einen, der, wenn er deine geheime Schuld erfährt, dich nicht fertig macht, dich nicht erpresst, dir nicht eins auswischt, sondern der deine Schuld wegwischt wie

ein Fensterputzer ein schweinisches Graffiti von der Fensterscheibe, und dann siehst du wieder Land im Leben. Lass dir von Jesus deine Schuld vergeben.

Einen freien Menschen in einen Sklaven der Sünde verwandeln, das haben die Menschen zu allen Zeiten fertig gebracht. Aber einen Sklaven der Sünde in einen freien Menschen verwandeln, das bringt nur Jesus fertig. Er hat die Last deiner Schuld getragen, damit du frei und aufrecht durch dieses Leben und in das ewige Leben gehen kannst.

Kein Problem ist ihm zu groß, keine Last ist ihm zu schwer, denn er trug ja für alle das Kreuz.

Traumkarriere

1Mose 41,1–46

Ein Mann kommt zum Arzt: »Herr Doktor, ich hab hier so Schmerzen im Bauch.«
»Jaja, das ist der Blinddarm. Müssen wir rausnehmen.« Der Blinddarm wird rausgenommen.
Nach einem Jahr: »Herr Doktor, ich hab hier hinten so Schmerzen.«
»Jaja, das sind die Hämorrhoiden, müssen wir rausnehmen.«
Ein Jahr später: »Herr Doktor, ich hab hier so Schmerzen im Hals.«
»Jaja, das sind die Mandeln. Müssen wir rausnehmen.«
Schließlich kommt er wieder. »Herr Doktor, ich trau mir's gar nicht richtig zu sagen, aber ich hab hier so Schmerzen im Kopf ...«
Da wacht er auf und merkt: er hatte nur geträumt.
Pharao, der König von Ägypten, hatte schlechte Laune, denn er hatte schlecht geschlafen, denn er hatte schlecht geträumt. Nun hat ja jeder Traum eine Bedeutung. Es gibt eine ganze Wissenschaft der Traumdeutung. Manchmal spricht auch Gott durch Träume zu den Menschen, und es gibt auch Menschen, denen Gott die Gabe der Traumdeutung gegeben hat. Pharao kann sich seine Träume nicht erklären, seine Traumdeuter auch nicht, und das macht ihm Sorge.

Des Scharfsinns fette Beute

Nun ist es ja ein Brauch von altersher, »wer Sorgen hat, hat auch Likör« (Wilhelm Busch). Also verlangt Pharao erstmal nach einer »Krokodilsträne«. Das war ein Schnaps, der entsprach ungefähr dem, was heute der »Zwickauer Koks« ist, bloß mit dem Unterschied, dass dir nach 'ner »Krokodilsträne« das Heulen vergeht, nach 'nem »Zwickauer Koks« das Heulen kommt. Also, es erscheint der Oberkellner mit der Kürbisflasche. Und als er hört, was seinem Gebieter Sorgen macht, fängt er an, angestrengt nachzudenken. Das fällt dem Pharao natürlich sofort auf – ein Beamter, der denkt, und das noch während der Dienstzeit – sowas muss ja auffallen. Also fragt sogleich der Pharao: »Was denkst du?« Der Oberkellner spricht: »Majestät, wie kann ich wissen, was ich denke, wenn ich nicht höre, was ich rede?« Da wird ihm befohlen, laut zu denken, und er erzählt: »Da hab ich doch seinerzeit im Strafvollzug einen kennen gelernt, einen jungen Juden, den Josef, der konnte Träume deuten.«

Auf der Stelle wird Josef geholt, und der Pharao erzählt ihm: »Ich träumte, ich stand am Ufer des Nil. Da kamen sieben fette Kühe, danach kamen sieben dünne Kühe, und die dünnen fraßen die dicken. Und dann träumte ich: Da waren sieben dicke Ähren, dann kamen sieben dünne Ähren, und die dünnen fraßen die dicken.« »Beide Träume«, sagt Josef, »bedeuten dasselbe. Die sieben fetten und dünnen Kühe und Ähren bedeuten jeweils sieben Jahre. Für Ägypten kommen jetzt sieben reiche Jahre mit guten Ernten, und dann sieben Hungerjahre mit schlechten Ernten. Das ist es, was Gott dir durch die Träume sagen will« (1Mose 41,1ff).

Damit hätte Josef seine Rede beenden können. Aber er redet weiter. In groben Zügen entwickelt er, was jetzt angesichts dieser Zukunft unternommen werden muss. Es müssen im ganzen Land Speicher gebaut werden, alle sollen den fünften Teil ihrer Ernte dort abliefern, damit dann, wenn die Hungerjahre kommen, genug Vorrat zum Überleben vorhanden ist. Soweit Josefs Vorschlag. Man fragt sich, woher der Mann diesen staatsmännischen Blick hatte. Denn er war als siebzehnjähriger Bauernlümmel als Sklave nach Ägypten verkauft wor-

den. Dort hatte er sich als Hausverwalter des Potifar hochgearbeitet. Als er sich geweigert hatte, mit Frau Potifar ins Bett zu gehen, war er im Knast gelandet und hatte dort bis zu seinem 30. Lebensjahr gesessen. Und nun legt er, knapp drei Stunden nach seiner Haftentlassung, dem Pharao einen kompletten Wirtschaftsplan vor, der hunderttausenden Menschen das Leben retten wird. Solche Ratschläge konnte Josef geben, weil, wie es 1Mose 41,38 ausdrücklich heißt, der Geist Gottes in ihm wohnte. Manche denken, man braucht den Heiligen Geist bloß zum Predigen oder Zungenreden. Ja, dazu auch. Aber darüber hinaus gibt der Heilige Geist Weisheit und Verstand in allen Lebenslagen. Der Heilige Geist ist nicht nur zuständig für geistliche, sondern auch für weltliche Dinge, in unserem Falle für Fragen der Wirtschaft. Es ist niemand anders als der Heilige Geist, der in Ägypten durch den Mund des Josef die Planwirtschaft und den Siebenjahresplan einführt.
Als Josef seine Pläne entwickelt hatte, sagt der Pharao: »Weil dir Gott das gezeigt hat, darum bist du der Klügste und für die Aufgabe am besten geeignet. Meine Hofbeamten und das ganze Volk sollen auf dein Wort hören, nur ich selbst stehe noch über dir. Ich ernenne dich zu meinem Stellvertreter, der über ganz Ägypten herrscht« (Vers 39).
Als Zeichen seiner Macht und Würde bekommt Josef vom Pharao einen Ring an die Hand, eine goldene Kette an den Hals, eine Staatskarosse unter den Hintern und wird der Bevölkerung vorgestellt mit den Worten: »Der ist der Landesvater« (Vers 43).

Lieber alles kriegen als für alle kriechen

Das nennt man Karriere! Früh saß er noch im Knast, wo man ihm den üblichen Löffel Vierfruchtmarmelade, einen Kanten Brot und einen Blechtopf Muckefuck durch die

Klappe gereicht hatte, und mittags ist er der mächtigste Mann Ägyptens, vor dem die Volksmassen platt auf dem Bauch liegen. Als er im Triumphzug durch die Hauptstadt gekarrt wird und die Bevölkerung ihm zujubelt wie einem Träger des gelben Trikots, da kneift er sich in den Arm, um festzustellen, ob er wieder mal bloß träumt. Aber nein, die Traumkarriere ist Wirklichkeit. In einem einzigen Tag ist er vom verlausten Zuchthäusler raketenhaft aufgestiegen zur obersten Regierungsspitze.

Nicht jeder hält so einen steilen Aufstieg aus. Es gibt Leute, denen steigt der Erfolg in den Kopf, die werden größenwahnsinnig, oder sie fangen an, ihre Macht zu missbrauchen und sich persönlich zu bereichern. Den Emporkömmling erkennt man daran, dass er dann, wenn er sich nach oben geschuftet hat, selber zum Schuft wird. Gerade die, die aus der Hefe nach oben kommen, fangen dann gerne an, für sich abzusahnen. Josef war kein Emporkömmling. Niemals hatte er daran gedacht, so einen Regierungsposten zu kriegen. Keinen Finger hatte er krumm gemacht für seine Karriere. Das war einzig und allein Gottes Werk. Als Josef ganz unten war, zog Gott ihn hoch. Aber als er ganz oben war, zog er daraus keinen persönlichen Nutzen.

Es wäre ja naheliegend gewesen, wenn er gesagt hätte: »Ihr habt mir die schönsten Jahre meines Lebens geklaut, als ich bei euch im Knast saß. Jetzt sitze ich am Drücker und werde für meine Entschädigung sorgen. Ich werde aus dem Posten rausschlagen, soviel ich kann.«

Aber Josef wollte sich nicht rächen, nicht bereichern, nicht herrschen, sondern dienen. Mit dieser Gesinnung ist dieser Mann eine Ausnahme.

Im Großen und Ganzen ist die Weltgeschichte bisher so gelaufen, dass die, die Macht hatten, auch was davon haben wollten. Durch die Jahrtausende hindurch haben die Machthaber gewechselt, nur eins ist meistens gleich geblieben: Wer die Macht hat, hat meistens auch das Meiste. Wenn einer um die Macht kämpft und sagt: »Ich will an die Macht, damit ich was davon habe«, dann ist das zwar schäbig, aber es ist wenigstens ehrlich. Aber wenn jemand sagt: »Ich will an die Macht, um die Macht gerecht zu verteilen«, dann aber beim Verteilen erst sich selber das größte Stück (z.B. Grundstück) nimmt, dann ist das doppelt schäbig. Wer die Abschaffung der Privilegien der Herrschenden fordert, sollte auch dann, wenn er selber zur herrschenden Klasse aufgerückt ist, bei dieser Forderung bleiben und nicht auf einmal für sich selber Privilegien beanspruchen.

Es ist ja ganz in Ordnung, wenn Leute, die Außerordentliches leisten, sich auch was leisten können. Je höher ein Mensch steht, umso höher ist seine Verantwortung, umso höher ist sein Risiko, umso höher sollte auch sein Gehalt sein, das finde ich gerecht. Soziale Unterschiede hat es schon immer gegeben und wird es immer geben. Was es nicht geben sollte, ist das hemmungslose Inanspruchnehmen von Privilegien durch die Mächtigen. Ich bewundere einen Mann wie Josef, der seine hohe Stellung nicht für private Bereicherung ausgenutzt hat.

Als Josef das ägyptische Wirtschaftsleben in die Hand bekam, gingen ungeheure Summen durch seine Hände. Wenn da einiges auf seinem Privatkonto hängen geblieben wäre, hätte das kein Mensch gemerkt. Ihn kontrollierte keiner, denn er hatte keinen Kontrolleur über sich.

Es wäre für ihn kein Problem gewesen, ein paar hübsche Sümmchen in seine Privatkanäle zu leiten und sich davon am Ufer des Nil eine nette kleine Datsche zu leisten. Aber das alles kam für ihn nicht in Frage. Denn er hatte einen Grundsatz, und der hieß: »Nichts für mich.«

Das ist alles gar nicht meine

Damit ihr seht, wie wichtig dieser Grundsatz für Josef ist, müssen wir jetzt nochmal zurückblenden zu dem Moment, als Josef aus dem Knast entlassen wird. Er wird direkt aus seiner Zelle (kleiner Umweg über Frisör und Kleiderkammer) in den Audienzsaal des Pharao geführt, wo der gesamte Hofstaat versammelt ist. Geblendet von der Helligkeit und den Kostbarkeiten des Königspalastes tritt er vor den Thron. Alle Augen sind auf ihn gerichtet wie auf so ein Wundertier – das also ist der Mann, der einzige in Ägypten, der angeblich die Träume des Pharao deuten kann.

Der Pharao eröffnet die Verhandlung mit den Worten: »Ich habe erfahren, dass du Träume auslegen kannst, sofort nachdem du sie gehört hast« (Vers 15).

Und da antwortet Josef: »Ich selbst kann das nicht, aber Gott wird dir sicher etwas Gutes ankündigen.«

Er lehnt also die Ehre, Träume deuten zu können, ab und sagt: »Diese Ehre gehört nicht mir, sondern Gott.« Was hier ausgedrückt wird mit dem Satz: »Ich selbst kann das nicht«, ist im Hebräischen nur ein einziges Wort. Man müsste es eigentlich übersetzen: »Das gehört nicht mir« oder: »Nichts für mich.«

»Nichts für mich«, das ist der erste Satz, den Josef sagt, als er aus dem Knast kommt. »Nichts für mich«, das ist der Grundsatz, mit dem er dann jahrzehntelang Herrscher von Ägypten ist und dieses Land durch die schwersten Krisen zu wirtschaftlicher Blüte führt. »Nichts für mich«, das ist das Schlüsselwort für ein Leben, das Gott reich gesegnet hat und das zum Segen für ein ganzes Volk wurde.

Auch dein Leben kann gesegnet und zum Segen für andere werden, wenn du nach diesem Grundsatz lebst. Egoistisches Wohlfahrtsdenken, Raffgesinnung und unersättliches Mehrhabenwollen ist Kennzeichen unserer Zeit. Die meisten leben nach dem Grundsatz: Alles für mich. »Wir wollen alles, und das sofort.« Wenn du immer nur alles für dich haben willst, bist du ein armes Schwein, auch wenn du äußerlich noch so reich bist. Denn mit dieser Gesinnung wirst du nie glücklich werden, weil du nie alles kriegst, weil du immer unbefriedigt bleibst. Aber

du kannst anderen das Leben reicher machen,
wenn du Gottes Liebe durch dich strömen lässt.
Teile alles, was du hast,
geteilte Schätze verdoppeln sich!

Ich schlage dir vor, dass du das mal ausprobierst. Du hast es in der Hand, ob du dein Leben reich oder arm machen willst. Die Devise »Nichts für mich« macht dein Leben reich. Wenn man sieht, wie vor Weihnachten die Massen, von Kaufwut besessen, durch die Warenhäuser drängen, kann einem nur schwindlig werden. Vor allem, weil dieses gigantische Gegrapsche aus Anlass des Geburtstages des Mannes stattfindet, der wie kein anderer nach dem Grundsatz »Nichts für mich« gelebt hat. Jesus, der Sohn Gottes, wollte nichts für sich rausschlagen, als er in unsere Welt kam. Das einzige, was er davon hatte, waren Scherereien. Das ging los mit seiner Geburt, als es für ihn nur eine harte Holzkrippe gab. Das hörte auf mit seinem Tod, als man ihn an ein hölzernes Kreuz nagelte. Und dazwischen lag ein Leben der Armut und Einfachheit. Jesus hatte gesagt: »Ich bin nicht gekommen, um mich bedienen zu lassen, sondern um zu dienen« (Matthäus 20,28). Jesus will nichts für sich haben, er will auch von dir nichts haben, er will dir was geben: Vergebung deiner Schuld.

Einbuchten und auswuchten

Eines Tages, um wieder auf unsere Geschichte zurückzukommen, kommt es zu einer Begegnung zwischen Josef und seinen Brüdern. Die Hungersnot war ja nicht nur in Ägypten, sondern auch in den umliegenden Ländern. Auch in Kanaan, wo Josefs Brüder wohnten, wurde gehungert. Dort hatten sie aber keine solchen genialen Kornspeicher errichtet wie die Ägypter. Und als die Leute hörten, dass es in Ägypten gehortetes Getreide gäbe, machten sie sich in Massen auf die Socken zur Hamsterfahrt dorthin. Und als der alte Vater Jakob davon hörte, macht er seinen Söhnen den Vorschlag, auch mal zum Getreidekaufen nach Ägypten zu gehen. In dem Augenblick, wo er das Wort »Ägypten« ausspricht, sehen sich die Jungs erschrocken an. Sie schweigen, wie sie nun schon jahrelang verschwiegen haben, dass sie ihren Bruder Josef nach Ägypten verkauft haben. Es hilft nichts, der Vater schickt sie jetzt zum Getreidekauf auf die Reise, und schließlich stehen sie vor dem hohen Beamten, der das Getreide verteilt. Sie ahnen nicht, dass dieser hohe Herr in Nadelstreifen ihr kleiner Bruder ist. Aber Josef erkennt sie. Wie er sie so vor sich sieht, auf der Erde kniend und die Stirn bis zum Boden geneigt – da fällt ihm der Traum ein, mit dem alles anfing. Er hatte geträumt, seine Garbe stand aufrecht, und die Garben seiner Brüder neigten sich vor ihm.

Jetzt erfüllte sich das. Er ist es, der das Getreide verteilt, und sie verneigen sich vor ihm. Am liebsten möchte Josef ihnen um den Hals fallen und sagen: »Brüder, steht doch auf, ich hab euch alles längst vergeben.« Aber das sagt er nicht. Sondern er beschuldigt sie, sie wären Spitzel, die bloß das Land ausspionieren möchten. Die Brüder beteuern, sie wären unschuldige Menschen, nur auf der Suche nach Getreide, aber das nützt nichts. Josef steckt sie ins Gefängnis. Sie sitzen jetzt im gleichen Knast wie er. Genauso unschuldig wie er. Nur nicht so lange wie er. Bloß drei Tage. Aber in diesen drei Tagen hat Gott mit ihnen geredet. Und sie erkennen: Das alles geschieht uns ganz recht. Es ist die Strafe für unsere alte Schuld.

Diese Erkenntnis wollte Josef erreichen, als er seine Brüder für drei Tage auf Wasser und Brot setzte. Er tat es nicht aus Rache. So ein Kleingeist war er nicht. Er tat es aus Liebe. Damit sie zur Reue kommen. Göttliche Liebe, echte Liebe ist nicht weichlich-sentimental wie eine Weihnachtsschnulze, sondern hart wie eine Krippe und ein Kreuz aus Holz. Wir denken immer: Liebe heißt, sich gegenseitig jeden Schmerz ersparen, immer gleich mit dem Trost der Vergebung kommen. Gott hat es mit der Vergebung nicht so eilig. Er bringt dich erst zu der schmerzlichen Erkenntnis deiner Sünde, bevor er sie dir vergibt.
Als Josef seine Brüder ins Gefängnis schickte, hat er sich nicht schadenfroh die Hände gerieben und gefeixt, sondern da blutete ihm die Seele. Aber das musste sein. Sie sollten das Ausmaß ihrer Schuld begreifen, um dann die Vergebung ergreifen zu können.
Wenn Gott dich ins Leiden schickt, dann blutet ihm die Seele. Wenn du leidest, dann leidet er noch mehr. Denn er liebt dich. Und er fasst dich, sein geliebtes Kind, nur manchmal hart an, damit du die ganze Größe deiner Schuld erkennst und Gottes Vergebung suchst und annimmst. Das sind keine gemütlichen Stunden, wenn wir vor uns selber erschrecken und vor dem, was wir gemacht haben. Aber das sind die glücklichsten Stunden, wenn wir uns in echter Reue vor Jesus beugen und sagen: »Herr, vergib mir.« Dann schlägt für uns die Stunde der Freiheit. Dann treten wir aus dem finsteren Gefängnis unserer Schuld in das volle Scheinwerferlicht von Gottes Liebe.

Vom Machtmenschen zum Meuchelmörder

2Mose 2,11–15

Gast zum Ober: »Hören Sie mal, Herr Ober, hier auf der Karte steht ›Eier mit Kartoffelsalat‹. Was für welche sind denn das? Spiegeleier oder Rühreier?« »Wie Sie wünschen, mein Herr.« »Und was ist da der Unterschied?« Der Ober: »Spiegeleier können Sie zählen.«
Die Nachkommen von Josef waren eines Tages nicht mehr zu zählen und wurden vom Pharao in die Pfanne gehauen. Josef hatte vom Pharao die Erlaubnis bekommen, seine Familie nach Ägypten kommen zu lassen, also waren seine elf Brüder und deren Frauen und die ganze Mischpoche angereist, eine Hucke von 70 Mann. Die hatten ihren Besitz und sich selbst fleißig vermehrt, waren angeschwollen zu einem ganzen Volk, dem Volk Israel.

Lieber Arm ab als arm dran

Als später ein anderer Pharao kam, wurde ihm das zuviel und er verfiel auf den Gedanken, den Israeliten den Nachwuchs abzuschneiden: Jeder Junge, der geboren wurde, sollte gleich getötet werden. Auf wunderbare Weise wurde ein Judenjunge gerettet. Das war der Mose. Geboren vor 4000 Jahren, vom ägyptischen König mit dem Tod bedroht, von der Tochter des Königs adoptiert, bekommt er am Hof des Königs eine Super-Erziehung. Er bekommt mit, wie ein Staatswesen regiert wird. Er bekommt Lust, da mitzumischen. Er bekommt sagenhafte Perspektiven für seine Zukunft. Eine Karriere als hohes Tier ist so gut wie sicher, möglicherweise ist sogar ein Ministerposten drin – vorausgesetzt, er macht keine Zicken und hält sich an die Spielregeln der Herrschenden. Denn von Geburt ist er ja Israelit, also Glied des Volkes, das die Ägypter versklaven. Aber während das Volk Israel in den ägyptischen Zwangslagern hungert, lungert Mose auf weichen Diwans herum, macht sich als ägyptischer Prinz einen Fetten. Er verspeist täglich das feinste Futter, badet früh in Milch und abends in Sekt. Zwischen ihm und dem Volk Israel, diesen armen Schweinen, die sich in der Ziegelei zu Tode schuften und nichts Anständiges zu essen haben, liegen Welten. Er lebt auf der Seite der Herrschenden, und er wäre ja blöd, wenn er sich mit den unterdrückten Habenichtsen solidarisch erklären würde. Würde er zu seinem Volk zurückkehren, gäbe das für ihn nur Nachteile – Zwangsarbeit, niedriger Lebensstandard, menschenunwürdiges Leben. Mose sagt sich: Lieber reich und frei als arm und versklavt. Und außerdem: Wem würde es nützen, wenn er seinen guten Posten aufgeben und sich auf die Seite des Volkes stellen würde? Im Gegenteil – er könnte seinem Volk in seiner hohen Position viel mehr nützen. Vielleicht könnte er dessen Schicksal mildern, wenn er seine Beziehungen am Hofe ausnutzt. Mit diesem Argument reden sich ja bis heute die Kirchenleute aus DDR-Zeiten raus, die als Stasi-Helfer auf der Seite der Unterdrücker mitgemacht haben. Der Egoist, der sich für ein bequemes Leben entscheidet, gibt niemals zu, dass er aus Egoismus handelt, sondern er schiebt immer ehrenwerte Gründe vor. Und Gründe, warum einer, der seinen hohen Lebensstandard halten will, bei einer ungerechten Sache mitmacht, finden sich immer. Aber wer eine verlogene Politik mitmacht, muss sich selber belügen. Also:» Ich kann denen da unten viel besser helfen, wenn ich meinen Einfluss bei denen da oben ausnutze. Ich muss also nicht nur meinen Posten behalten, sondern muss möglichst einen noch höheren anstreben.« So geht das Streben nach dem nächsten Posten fleißig weiter, immer höher auf der Leiter, und leider ist Mose auch so ein Streber. Er scheut sich vor dem Schicksal der harten Sklaverei. Er bleibt bei den weichen Polstern am Tyrannenhofe. Aber dort sind seine Tage gezählt. Denn auch für ihn kommt eines Tages, wie für jeden, die Entscheidungsfrage: Worum geht es dir? Um deine Karriere oder um Gottes Ehre? Was willst du? Willst du Geld machen oder willst du zum Volk Gottes gehören? Auf diesen Punkt hat es auch Jesus gebracht, wenn er gesagt hat: »Ihr könnt nicht Gott und dem Mammon dienen.« Entweder – oder.

Fettlebe oder Fettnäpfchen

Mit Gott leben ist schön, aber es ist nicht leicht. Leichter hast du's, wenn du mit der breiten Masse mitschwimmst, da brauchst du dir keinen Kopf zu machen, wo's lang geht. Das sagen dir schon die anderen. Sind ja genug andere da, die für dich denken, dich lenken. Was du dir für Klamotten anziehen sollst, was du dir für Filme ansehen sollst, das sagt dir die BRAVO, und es ist, wie es in einem Lied heißt, »sehr bequem, den breiten Weg zu gehn«. Aber wenn du aus der breiten Masse heraustrittst, trittst du schon ins Fettnäpfchen. Wenn du dich auf die Seite von Jesus stellst, stehst du schon als Außenseiter da und kriegst Schwierigkeiten.
Du kannst es ohne Jesus sehr weit bringen im Leben. Aber ohne Jesus bringst du es nie bis zum ewigen Leben. Das ewige Leben ist die Belohnung, die er dir gibt, wenn du an ihn glaubst. »Wer an mich glaubt«, sagt Jesus, »der hat das ewige Leben.« Du hast es, jetzt schon. Also nicht erst nach deinem Tod. Freilich bedeutet ewiges Leben auch, dass du mit Christus ewig leben kannst, auch über den Tod hinaus. Aber es bedeutet auch, dass dein Leben jetzt eine ganz neue Qualität bekommt. Zum Beispiel: Du hast Frieden mit Gott. Frieden mit

dir. Du hast ein gutes Gewissen. Und das ist jetzt die große Frage: Willst du wegen ein paar Jahrzehnten mit höherem Lebensstandard deinen Seelenfrieden und dein gutes Gewissen aufs Spiel setzen? Wegen ein paar Euro mehr im Monat auf die Ewigkeit mit Gott verzichten? Denn die Ewigkeit steht auf alle Fälle vor dir. Entweder du verbringst sie mit Gott – das ist der Himmel. Oder du verbringst sie ohne Gott – das ist die Hölle. Wo du die Ewigkeit verbringst, erfährst du im Jüngsten Gericht. Dann wird das Urteil gefällt, und zwar aufgrund des Lebens, das du heute führst. Es entscheidet sich also heute, was dann aus dir wird. Im Gericht ist völlig uninteressant, wieviel Geld du gemacht und wie weit du's im Leben gebracht hast, was die Leute von dir gedacht haben und was in deiner Personalakte gestanden hat. Dann geht es nur noch um eine einzige Frage: ob du auf der Seite von Jesus gestanden hast. Das heißt, ob du mit ihm durch dick und dünn gegangen bist, ob er der Maßstab für deine Moral, dein Handeln, dein Verhältnis zum Geld, zum Mitmenschen usw. gewesen ist, ob du dich nur vor ihm gebeugt hast, ob dein Name im Buch des Lebens steht. Wer nicht auf Jesus steht, steht falsch. Ich möchte dich davor bewahren, dass du auf der falschen Seite stehst und verloren gehst. Deshalb bitte ich dich: Gib dein Leben Jesus. Orientiere dich nicht an vergänglichen Dingen, sondern orientiere dich an ihm. Sieh auf die Belohnung, die er für dich bereithält, wenn du dich zu ihm hältst. So machte es Mose. In der Bibel steht: »Weil Mose Gott vertraute, weigerte er sich, als er erwachsen war, den Namen eines Sohnes der ägyptischen Königstochter zu tragen. Er zog es vor, mit dem Volk Gottes zu leiden, anstatt für kurze Zeit gut zu leben und dabei Schuld auf sich zu laden. Er war sicher, dass alle Schätze Ägyptens nicht soviel wert waren wie die Verachtung, die einer für Christus auf sich nimmt. Er sah hin auf die Belohnung« (Hebräer 11,24ff).

Klotz statt Glotze?

Es lohnt sich, an Gott zu glauben! Mose entschied sich also, als er erwachsen geworden war, für das Volk Gottes. »*Als er erwachsen geworden war*« (2Mose 2,11). Bestimmte Entscheidungen kann man erst von einem bestimmten Alter an fällen. Bis zu einem gewissen Alter ist es normal, dass man einfach nachplappert, was einem die Erwachsenen so erzählen. Aber so ab vierzehn/fünfzehn gehen einem die Augen auf. Man sieht, dass in dieser Welt nicht alles ganz rund läuft. Man macht sich seine eigenen Gedanken. Man bestimmt selber, welche Bücher man liest, wohin man geht. Man prüft kritisch, ob das stimmt, was einem da eingetrichtert worden ist. Dem guten Mose hatten sie beigebracht: »Die Juden sind dumm, denn sie glauben an Gott. Die Juden sind Ausländer, Untermenschen, die Juden muss man hassen usw.« Und da er seine Nase nie aus dem Königspalast rausstrecken konnte, da er nur diese einseitigen Informationen aus der hofeigenen Presse hatte, hat der das alles brav geglaubt – bis zu dem Tag, als er alt genug war, sich die Wirklichkeit mit eigenen Augen anzusehen. Er macht einen Spaziergang ins Freie, er verlässt die Abgeschlossenheit seines goldenen Käfigs. Er geht raus auf die Straße, um zu sehen, was Fakt ist.

Da kommt er an der Großbaustelle vorbei, wo die Israeliten Pyramiden bauen müssen, und er sieht das Elend seines Volkes. »*Zu der Zeit, als Mose erwachsen geworden war, ging er hinaus zu seinen Brüdern und sah ihren Frondienst*« (2Mose 2,11).

Mose geht aus und sieht. Beides ist wichtig. Dass sein Volk von den Ägyptern unterdrückt wurde, hatte er schon immer gewusst. Aber dieses Wissen war rein theoretisch. Wie das praktisch aussieht, wenn ein ägyptischer Aufseher einen Juden zusammenschlägt, hatte er noch nie gesehen. Jetzt sieht er es. »*Und er sah, wie ein Ägypter einen seiner hebräischen Brüder erschlug.*«

In diesem Augenblick wird Mose zum Freiheitskämpfer. Mit diesem Sehen beginnen alle Freiheits- und Befreiungskämpfe der Menschheit. Martin Luther King, der junge Gelehrte aus dem Norden, sah die Unterdrückung seiner Brüder in den Südstaaten von Amerika. David Wilkerson, der Kleinstadtpfarrer, sah das Elend der New Yorker Jugendlichen – sie alle sahen und handelten.
Auch wir sehen vieles. Aber wir übersehen es. Wir nehmen es nicht wahr. Wir sitzen auf unseren vier Buchstaben in unseren vier Wänden und sehen fern. Wir sehen die Armut, den Hunger, die Ungerechtigkeit, und haben die Leiden der ganzen Welt täglich vor Augen. Wir glotzen, aber wir sehen nicht.
Mose sieht, was gespielt wird. Ihm gehen die Augen auf. Er ergreift spontan Partei für sein Volk. Das ist gut, aber wie er es macht, ist total falsch. Als er sieht, wie ein Ägypter einen Israeliten erschlägt, *»da blickte er sich nach allen Seiten um, und als er sah, dass kein Mensch da war, erschlug er den Ägypter und verscharrte ihn im Sand«* (2Mose 2,12). Mose, ein Meuchelmörder.

Wie er in die Wüste düste

Am nächsten Tag treibt er sich wieder auf der Baustelle herum. Diesmal beobachtet er, wie sich zwei hebräische Männer streiten. Als die anfangen, sich zu kloppen, mischt er sich ein. Er fragt den, der im Unrecht ist: »Warum schlägst du deinen Nächsten?« Da sagt der Mann zu ihm: *»Wer hat dich zum Aufseher oder Richter über uns gesetzt? Willst du mich auch umbringen, wie du den Ägypter umgebracht hast?«* (2Mose 2,14).
Da packt Mose die Angst. Er erkennt, dass er erkannt wurde. Für den Totschlag von gestern gibt es also Augenzeugen. Auch der Pharao bekommt von der Sache Wind und will seinerseits Mose töten. Es wird eng für den Freiheitskämpfer. Es bleibt ihm nichts anderes übrig als die Flucht. Ab in die Wüste!

Der Totschlag an dem Ägypter hat sein Leben schlagartig verändert. Der verwöhnte Prinz, dem abends seine Diener perlenbestickte Pantoffeln anzogen und goldene Weinbecher füllten, wird zum Flüchtling. Die Karriere ist im Eimer. Am Schluss sitzt er, ein Häufchen Unglück, in der Fremde an einem Brunnen und säuft Wasser aus dem gleichen Eimer wie das liebe Vieh. Die Geschichte fing so gut an! Als Kind die wunderbare Errettung, als junger Mann der schöne Platz an der Sonne. Er kommt sogar in die Nähe des Hebels der Weltgeschichte, und plötzlich landet er als Flüchtling in der Wüste. Es gibt junge Leute, die machen einen verheißungsvollen Anfang mit Gott. Von manchen denke ich: Das wird mal einer, zu dem man aufblicken kann; die wird mal 'ne richtige christliche Mutter; der wird mal ein guter Mitarbeiter. Und plötzlich, zack, sacken die ab, und alles ist vorbei. Gerade bei solchen Menschen, die gut gestartet sind, tut es weh, wenn man sie wieder vergammeln sieht. Mose vergammelt in der Wüste. Wie konnte Gott das zulassen?

Gott ist ein großer und heiliger Gott. Er will ernst genommen werden, und er meint es ernst. Und wenn seine Auserwählten eigensinnig werden, lässt er sie auch ihre eigenen Wege gehen, und es geht mit rasender Schnelligkeit bergab. Gott hatte Mose auserwählt, er sollte zum Befreier Israels werden, aber nicht zum Guerillakrieger und Totschläger. Selbstverständlich hatte Mose es gut gemeint. Sein Motiv war von der edelsten Sorte: Er hatte sich auf die Seite der Unterdrückten gestellt, gegen die Ungerechtigkeit protestiert, für die Freiheit gekämpft, einem Menschen in der Not beigestanden. Er hatte in der allerbesten Absicht gehandelt. Bloß nützt die beste Absicht nichts, wenn von Gott kein Auftrag vorliegt. Als Mose sich in den Streit seiner beiden Landsleute einmischt, fragt ihn der eine: »Wer hat dich eigentlich zum Richter über uns eingesetzt?« Diese Frage enthüllt das ganze Problem. Hier geht es um den Angelpunkt der ganzen Geschichte. Es geht um

die Legitimation: Wer hat dich eingesetzt? In wessen Auftrag handelst du?
Auf diese Frage muss Mose schweigen. Er kann ja nicht sagen: »Ich handle im Auftrag Gottes. In Übereinstimmung mit seinem Willen habe ich den Ägypter erschlagen, in seinem Namen habe ich die Leiche im Sand verbuddelt. Hinter mir steht die Autorität Gottes.« Das wäre gelogen. Wäre Mose ehrlich, müsste er sagen: »Ich habe keinen Auftrag. Hinter mir steht niemand. Ich handle in meinem eigenen Auftrag. Es war meine Idee, den Freiheitskampf mit einem Totschlag einzuleiten. Ich bin ein eigenmächtiger, unbeherrschter Mensch.« Aber das will er nicht sagen, und den Satz »Ich bin ein Totschläger von Gottes Gnaden« kann er nicht sagen, denn dieser Satz ist Unsinn, ein Widerspruch in sich selbst. Totschläger »von Gottes Gnaden« gibt es nicht. Wer Menschen totschlägt, hat Gott nicht hinter sich. Mose kann also die Frage, wer ihn beauftragt hat, nicht beantworten. Er schweigt.

Einbildung ist auch 'ne Bildung

Es ist peinlich, wenn ein erwachsener Mann dasteht wie ein dummer Schuljunge, wenn sich das, was als Heldentat gedacht war, als Dummheit herausstellt. Es ist peinlich, wenn ein erwachsener Mensch keine plausiblen Gründe für sein Handeln angeben kann. Es ist peinlich, wenn ein Kind Gottes sich nicht auf Gott berufen kann. Kannst du dich mit deiner Lebensweise eigentlich auf Gott berufen? Zum Beispiel würde mich mal brennend interessieren, auf welche Bibelstelle du dich berufst, wenn du dauernd mit jemand anderem schläfst. Oder wenn du deine Zeit totschlägst mit sinnloser Gammelei, wenn du dein Gehirn volllaufen lässt mit Filmen, die die Gewalt verherrlichen und die Unzucht verharmlosen – wie begründest du das biblisch? Wie vereinbarst du den frommen

Fisch auf deiner Heckscheibe mit den fiesen Pornos auf deiner Mattscheibe? Wie vereinbarst du es mit Gottes Willen, dass du Dinge tust, sagst, schreibst, unterschreibst, die gegen deine Überzeugung und gegen dein Taufversprechen sind? Auf welchen Auftrag Gottes berufst du dich, wenn du auf Sauftour gehst und deinen Körper voll Alkohol pumpst? Wenn dich jemand nach deiner Handlungs- und Lebensweise fragt, musst du sagen können: »Ich mach das so, weil Gott das so will.« Wenn du dich auf Gott berufen kannst, kann die ganze Welt Kopf stehen und dich für verrückt erklären – du bist auf alle Fälle richtig. Wenn du dich nicht auf Gott berufen kannst, kannst du mir leid tun. Denn wenn dein Leben nicht mit Gottes Willen übereinstimmt, stimmt es nicht, läuft es schief. Da brichst du ein wie Mose.

Mose hatte keinen Auftrag von Gott, eine Theologie der Revolution auszuprobieren. Er hatte keinen Auftrag zur Gewaltanwendung. Es mag Fälle geben, wo Gewalt die allerletzte Möglichkeit ist, nachdem alle Schritte der Gewaltlosigkeit gegangen worden sind. Jedenfalls ist Gewaltanwendung für uns Christen nur als Grenzfall denkbar. Mose jedenfalls hatte keinen Auftrag, den Terroristen zu spielen. Er hatte keinen Auftrag, einen Menschen umzubringen, sondern er hat eigenmächtig gehandelt, und das war sein Fehler.

Mit einem so fehlerhaften Werkzeug kann Gott nicht arbeiten. Für Gottes Pläne ist Mose unbrauchbar geworden. Deshalb legt Gott ihn erst mal beiseite. Er muss lernen zu warten, bis Gott grünes Licht gibt. Mose konnte nicht warten. Er dachte, es wäre schon viel zu lange gewartet worden. Jetzt müsste er die Sache selber in die Hand nehmen und Gott sozusagen ein bisschen nachhelfen. Aber das hat Gott nicht nötig. Den Zeitpunkt, wann etwas zu geschehen hat, lässt er sich auch von keinem Menschen vorschreiben. Mose war der Ansicht: »Die Zeit zum Handeln ist reif. Es muss etwas geschehen. Sofort. Lange genug hat das Volk gelitten. Mit der Befreiung kann keine Stunde länger gewartet werden. Es ist höchste Zeit zum Losschlagen.« So dachte Mose. Er hat gedacht – gefragt hat er Gott nicht. Ich war mal dabei, als ein Ehepaar die Koffer aus dem Auto packte und ins Hotel schaffte. Irgendwas hatte der Mann bei der Aktion vergessen, weshalb ihn seine Frau anpfiff. Er versuchte, sich zu rechtfertigen mit dem Satz: »Ich kann doch nicht an alles denken.« Darauf seine Frau: »Du sollst nicht denken, du sollst auf mich hören!« Mose hatte nicht auf Gott gehört, sondern sich eigene Gedanken gemacht. Aber Gott denkt in der Frage der Zeit anders als wir. Zum Beispiel denken wir heute, wenn ein alter Mensch sich mit Schmerzen quält: »Warum warten, bis Gott ihn sterben lässt? Er hat lange genug gelitten. Gebt ihm eine Spritze, damit er endlich stirbt.« Das Motiv ist edel. Der Leidende soll befreit werden. Das Töten geschieht in bester Absicht. Aber ohne Gottes Auftrag, ohne Rücksicht auf seinen Zeitplan. Denn, wie gesagt, Gott denkt in der Frage der Zeit anders als wir. Wo wir denken: »Jetzt muss Gott eingreifen; jetzt muss er endlich helfen«, wo wir ungeduldig auf eine sofortige Entscheidung pochen, da hat Gott noch viel Zeit. Und manchmal ist es genau umgekehrt: Wo wir denken, wir haben noch massenhaft Zeit, ist Gottes Uhr vielleicht schon so gut wie abgelaufen. Wo Gott von uns z.B. eine sofortige Bekehrung fordert, tun wir so, als hätten wir noch viel Zeit. Wieviel Zeit hast du denn noch?

Vielleicht hat Gott heute zu dir gesprochen, und du hast gemerkt, dass er dich haben will. Dir ist klar, dass Gott zu dir sagt: Heute ist der Tag deiner Bekehrung! Und du sitzt da und behauptest zu wissen, dass du noch viel Zeit hast. Woher weißt du das?

Neulich hielt ich ein Heft einer Jazz-Zeitschrift in der Hand. Auf der Titelseite war der berühmte Pianist Michel Petrucciani abgebildet. In dem Interview mit ihm in dieser Zeitschrift antwortete er auf die Frage, wie und wann er alle seine ge-

schilderten Pläne verwirklichen will: »Ich tröste mich dann, dass ich noch jung bin und noch viel Zeit habe.« Zum Zeitpunkt, als dieses Interview erschien, war er bereits tot.
Wer weiß, wieviele diese Predigt hören, die eine Entscheidung für Gott bis jetzt weggeschoben haben, die noch nicht bekehrt sind. Es ist möglich, dass dir Gott noch öfter die Chance gibt. Es ist aber auch möglich, dass das heute deine letzte Chance ist. Es gibt auch ein Zuspät!
Ob du morgen oder irgendwann nochmal die Gelegenheit hast, dich zu bekehren, das weiß ich nicht. Darüber kann ich keine sicheren Aussagen machen. Aber eins weiß ich mit absoluter Sicherheit, und das kann ich dir im Namen von Jesus sagen: Heute, jetzt, ist es für dich nicht zu spät. Jetzt hörst du die Botschaft. Jetzt macht dir Gott sein Friedensangebot. Jetzt wartet er auf dich. Und ich bitte dich: Igle dich jetzt nicht ein. Fahr alle deine Antennen aus, damit du die Signale Gottes empfangen kannst, der dir jetzt durch mich sagen lässt: Lass dich versöhnen mit Gott!
Das habe ich mir nicht ausgedacht. Ich habe den klaren Auftrag Gottes, dir das zu sagen. Du solltest Gott noch heute eine klare Antwort geben.

Ein General geht baden

2Könige 5

Ich erzähle euch heute von einem Mann, der heißt Naeman. Das ist kein Verwandter von mir, das klingt bloß so ähnlich. Also nicht Lehmann, sondern Naeman. Den könnt ihr schon deswegen nicht mit mir verwechseln, weil der erstens ein Syrer gewesen ist, zweitens hat er vor 3000 Jahren gelebt, und drittens war er von Beruf General. Also ich meine – ich in einer Generalsuniform, das wäre ja noch merkwürdiger, als wenn ich mir einen Talar angezogen hätte.
Also der Naeman war General, Oberbefehlshaber der syrischen Armee, ein erfolgreicher Feldherr, beliebt bei der Regierung und bei der Bevölkerung. Ein typischer Erfolgsmensch auf dem Höhepunkt seiner Karriere und auf seinem Bauch ein ganzer Blechladen schöner Orden.

Brutales Erschrecken über Naemans Flecken

Eines Abends, als sich der General zu Bette begibt und seine Uniform auszieht, da entdeckt er auf der Haut seiner Heldenbrust ein paar hässliche Flecken. Er misst der Sache keine größere Bedeutung bei und denkt sich – na, so ein Mist, da hat sich vielleicht das Verdienstkreuz 1. Klasse etwas durchgescheuert, was da hängt. Er legt seine Uniform ordentlich auf den Stuhl und sich ebenso ins Bett.
Als er am nächsten Morgen wieder aufwacht, sind die hässlichen Flecken aber nicht verschwunden, sondern im Gegenteil, es sind mehr geworden. Im Laufe der nächsten Tage entdeckt er überall an seinem Körper weitere solche hässlichen Flecken und schmerzende Beulen. Schließlich muss er sich die

entsetzliche Tatsache eingestehen, dass er Aussatz hat. Aussatz, wir sagen heute »Lepra«, das ist was andres als ein bisschen Schnupfen oder Grippe, womit man schnell fertig wird. Zwei Aspirin, drei Multivit, schon ist der Kranke wieder fit. Der Aussatz, das war eine Krankheit zum Tode. Damals genau so unheilbar und unheimlich wie heute der Krebs.
Ihr wisst ja, was los ist, wenn ein Mensch Krebs hat. Das ist eine so furchtbare Krankheit, dass man sich oft gar nicht traut, den Namen auszusprechen.
Und was heute der Krebs ist, das war damals der Aussatz. Wer diese Krankheit hatte, der wurde aus der Familie, aus dem Dorf, aus der Wohngemeinschaft ausgeschlossen, ausgesetzt, daher »Aussatz«. Der musste irgendwo draußen leben. Der hatte ein elendes Leben und vor allem ein elendes Sterben vor sich. Der Mensch verfault bei lebendigem Leibe. Das war also das Schicksal, das der General Naeman nun vor sich hatte. Was nützt ihm jetzt seine Armee, seine Beliebtheit, sein Reichtum? Für das alles, auch für diesen Plunderkram von Orden, kann er sich das nicht kaufen, was er jetzt am dringendsten braucht: seine Gesundheit. Der General ist erledigt. Er ist ein Todeskandidat. Man kann sich vorstellen, wie sich diese Erkenntnis, dass er jetzt sterben muss, wie so eine Art Alpdruck auf das ganze Haus legt. Alle Hausbewohner sind mitbetroffen, vom obersten Kammerdiener bis runter zum letzten Dienstmädchen. Und gerade das letzte Dienstmädchen, ein junges Mädchen, eine Sklavin, die bringt die große Wendung. Wir wissen von ihr nur, dass sie in irgendeinem der vielen Kriege zwischen Syrien und Israel (die pochen sich ja seit Tausenden von Jahren) gekidnappt worden ist. Nun musste sie als Dienstmädchen in der Generalsvilla die Spucknäpfe reinigen. Wir wissen nicht mal ihren Namen, es ist ein namenloses, unbekanntes, unbedeutendes Geschöpf. Aber sie ist die Einzige im ganzen Hause, die den lebendigen Gott kennt, denn sie stammt aus Israel, dem einzigen damaligen Land, was den wahren Gott kannte.

Alle anderen Länder ringsum haben auch Götter gehabt, sogenannte »Götzen«. Götzen waren damals genau dasselbe wie heute die Weltanschauungen. Also das, was sich die Menschen zurechtmachen. Die Ideologien kommen und gehen, aber der wahre, lebendige Gott, der bleibt bestehen in Ewigkeit.

Nur Ölgötzen können sich am Genöl ergötzen

Damals war es nun gerade große Mode, den Gott »Ramon« anzubeten. Ich könnte mir vorstellen, dass in dieser Kirche wie hier mindestens ein Dutzend Leute sind, die »Ramon« oder »Ramona« heißen. Und ich möchte wetten, dass ihr überhaupt nicht wisst, nach wem ihr benannt seid. »Ramon« war ein Wettergott. Das war der oberste Gott der Assyrer. Und weil die Syrer als ein kleiner Satellitenstaat völlig abhängig waren von den Assyrern, standen sie selbstverständlich auch auf dem Boden der assyrischen Weltanschauung. Auch der General Naeman stand auf der Weltanschauung des großen Bruders.
Nun wusste aber diese israelitische Sklavin, dass ein Götze, der »Ramon«, nicht helfen kann. Sie wusste, dass nur der lebendige Gott Israels einem Menschen wirklich helfen kann. Und weil sie das wusste, hat sie davon auch was erzählt. Sie wusste, dass zu Hause, in ihrem Land, noch ein Prophet dieses Gottes lebte. Als sie nun eines Tages zusammen mit der Generalsfrau beim Saubermachen war und Frau General die Schrankwand abwischte und sie mit dem Staubsauger auf dem Perserteppich immer so hin und her fuhr, hat sie immer vor sich hin gesagt: »Ach, wenn doch der General den Propheten Elisa kennen würde, der könnte ihm helfen.« Die Frau General, wie sie das hört, zieht gleich den Staubsauger raus sssss – ist es ruhig. »Was hast du da gesagt?« fragt sie. »Sag das noch einmal!«

Nun wiederholt sie: »Wenn doch der Herr General den Propheten Elisa kennen lernen könnte. Der könnte ihm helfen.« Mit dieser Bemerkung wird dieses junge Mädchen, eine Randfigur der Geschichte, plötzlich zu einer Schlüsselfigur. Ich denke, wir könnten von diesem Mädchen eine ganze Menge lernen. Sie hat als Sklavin an ihrem Glauben festgehalten, auch wenn die Mehrheit etwas ganz anderes glaubte. Das ist das Erste. In einem Land, wo eine völlig andere Weltanschauung herrschte, hat sie sich nicht gesagt: »Na, wenn die Mehrheit hier an den Ramon glaubt, dann werd ich das eben auch tun.« Sondern sie ist bei dem Glauben an ihren Gott geblieben.
Und sie hat zweitens in einem entscheidenden Augenblick vor den Vertretern einer ganz anderen Weltanschauung ein Bekenntnis abgelegt. Sie hat sich nicht gesagt: »Am besten ist, du hältst hier die Klappe und redest nicht von deiner Glaubensüberzeugung«, sondern sie hat davon gesprochen.
Und sie hat dadurch drittens einem anderen Menschen den Weg zum Leben gezeigt. Sie hätte sich ja sagen können: »Ach was, ein Kapitalistenschwein weniger auf der Welt, soll er abkratzen, der Boss.« Das hat sie nicht getan, sondern sie hat ihm den Weg zum Leben gezeigt.

Generalstabsmäßig gesprochen

Für jeden, der an Gott glaubt, kommt einmal der Augenblick, wo er einem andern Menschen den Weg zu Gott zeigen kann. Ihr lebt ja fast alle in einer atheistischen Umgebung und seid wahrscheinlich froh, dass ihr in so einer Kirche mit so vielen jungen Menschen zusammensein könnt. Aber morgen, da seid ihr wieder in eurer gewohnten Umgebung. Da sieht das alles ganz anders aus.
Und mancher von euch ist in seiner Klasse und in seiner Familie oder Firma vielleicht der Einzige, der an Gott glaubt.

Du kommst dir in deiner atheistischen Umgebung vielleicht ganz einsam und verlassen und verloren vor und fragst dich, warum Gott dich so allein schmoren lässt. Dann denk doch mal an diese kleine Sklavin. Die war auch ganz alleine. Die hat vielleicht auch mit ihrem Schicksal gehadert. Die hätte lieber auch studiert an der Universität in Jerusalem, statt das Dienstmädchen zu spielen.

Aber jetzt stellt sich heraus, dass Gott sie brauchte. In ganz Syrien hatte Gott nur dieses eine Mädchen, um dem General den Weg ins Leben zu zeigen. Und wenn du dir auf deinem Posten vielleicht verloren vorkommst, dann möchte ich dir sagen: Ein Kind Gottes steht überhaupt nie auf einem verlorenen Posten. Sondern dort, wo du stehst, hat Gott dich hingestellt, damit du dort ein Zeugnis für ihn ablegst. Gott hat vielleicht in deiner Klasse und in deiner Firma und in deiner Schule oder wo du auch bist, nur dich, um einem anderen Menschen zu helfen.

Also pass auf, wenn für dich die Gelegenheit kommt und du den Schnabel aufmachen musst. Du brauchst dazu nicht erst Theologie zu studieren. Du musst nur erwarten, dass Gott dich gebrauchen will. Du kannst z.B., wenn du mit Leuten zusammen bist, die den Kanal voll haben und aus irgendeinem Grund mit dem Leben nicht zurechtkommen, da kannst du doch sagen: »Du, das kenn' ich. Solche Probleme hab ich auch. Aber ich lös die so und so, weil ich an Jesus glaube.« Das Mindeste, was du sagen kannst, ist: »Geh doch mal zu einem Seelsorger, sprich dich aus und lass dir helfen.«

Bei uns in der Stadt sind zwei junge Männer, die fahren zusammen mit dem Auto; der eine ist der Fahrer, der andere der Beifahrer. Der Beifahrer war krank und hatte Depressionen und wurde immer kränker. Und eines Tages erzählt er dem Fahrer, er hätte an spiritistischen Sitzungen teilgenommen. So Geisterbeschwörung und so was. Der Fahrer hat sofort voll auf die Bremse getreten, angehalten und gesagt: »Mensch,

biste irre, wenn du sowas machst, kein Wunder, wenn du fertig bist. Du musst unbedingt mal mit einem Pfarrer sprechen. Ich fahr dich sofort zum Pfarrer Lehmann hin.« Also der hat mit Händen und Füßen abgewehrt. Er kam dann ein Vierteljahr später und konnte den Schritt ins Leben tun. Er verdankt es seinem Kollegen, der gesagt hat: »Weißte was, ich bring dich jetzt mal zu einem Pfarrer hin.«
Ich meine diesen Satz – das ist das Mindeste, was du zu einem Anderen mal sagen kannst. Du wirst doch nicht von dir behaupten, dass du zu weniger fähig wärst, als diese kleine Sklavin damals. Man muss manchmal lange warten, bis der richtige Moment kommt, aber wenn der Moment da ist, dann überwinde deine Schüchternheit und rede.

Toller Typ – total taub

Zurück zu unserem General. Der greift den Hinweis dieses jungen Mädchens auf. Der wollte ja gesund werden. Er möchte leben, er möchte gerettet werden. Und er macht sich tatsächlich auf in das Land Israel. Aber so sehr er auch in der Klemme sitzt, er sitzt immer noch auf seinem hohen Ross. Er hält es nämlich als General für unter seiner Würde, in die Hütte vom Propheten Elisa zu gehen. Für ihn kommt überhaupt bloß das Schloss des Königs in Frage. Er hat dem König einen Haufen Geld mitgebracht, aber der König sagt: »Ich bin doch nicht Gott und kann dich nicht für 10 Zentner Silber wieder gesund machen.« Es gibt auch heute viele Menschen, die denken, man könne Gott bestechen. Wenn man viel in die Kollekte gibt, kriegt man das, was man gerne haben möchte. Gott ist nicht bestechlich. Dem kommt's nicht auf deine paar Piepen an: Er möchte dich, er will dein Herz, er will dich ganz haben. Gott sagt: »Wer mich von ganzem Herzen sucht, von dem will ich mich finden lassen.« Die Frage ist, ob du Gott in deinem Leben schon einmal von ganzem Herzen gesucht hast. Wenn nicht, dann wird es höchste Zeit, dass du es tust, denn dann ist vielleicht heute für dich der Moment gekommen, wo du wirklich ernsthaft mal anfängst, Gott zu suchen und dich an seinen Sohn Jesus Christus zu wenden. Bei dem bist du nämlich an der richtigen Adresse. Der ist bereit, aus dir ein Kind Gottes zu machen. Einen neuen Menschen. Für deine Rettung und dein neues Leben hat Jesus alles schon längst getan und erledigt, als er am Kreuz für dich gestorben ist.

Bloß wenn du zu stolz bist, dich vor dem Kreuz von Jesus zu beugen, dann bleibst du ein Aussätziger, dann bleibst du einer, der draußen steht. Außerhalb von Gottes Reich. Die Bibel sagt: Gott gibt den Stolzen Kontra, aber den Demütigen gibt er Gnade.

Der Naeman ist mit seinem Stolz bei dem König an der total falschen Adresse. Es gibt Probleme, mit denen kannst du dich nicht an deinen König wenden, an deine Regierung oder an einen Arzt oder an einen Psychologen. Es gibt Probleme, für die gibt es nur eine einzige richtige Adresse, nämlich Gott selbst.

Das war nicht genug, dass der Mann bis nach Israel marschiert war und dann im Königspalast stand. Er sollte zur Hütte des Propheten gehen, das war der Auftrag. Und der Prophet, als er merkt, dass er angekommen ist und im Königshof steht, lässt einen Zettel rüberschicken in den Palast. Da steht drauf: »Lass den mal zu mir kommen, damit er merkt, dass ein Prophet im Lande ist.«

Nun fährt der General zu der Hütte des Propheten, aber er verkennt immer noch die Situation. Mit seiner ganzen Wagenkolonne donnert er vor dem Prophetenhäusel vor, steigt aber nicht etwa von der Staatskarosse runter, sondern bleibt oben sitzen und wartet nun, bis der Prophet katzbuckelnd aus seiner Hütte rausgekrochen kommt. Aber da kann er lange warten. Der Elisa denkt überhaupt nicht dran rauszugehen. Er schiebt bloß ein bisschen die Gardine beiseite und guckt da durch. Als er den arroganten Kerl auf dem Gefährt sitzen sieht, macht er die Gardine wieder zu, schickt seinen Diener raus und lässt durch den Diener dem General bestellen: »Mein lieber Mann, mein lieber Naeman, geh und wasch dich siebenmal im Jordan, dann wirst du gesund.«

Hast du 'nen Schaden – im Jordan baden?

Aber da wird der General verrückt. »Kompanie kehrt«, brüllt er, und alles galoppiert wieder in Richtung Syrien. Unterwegs tobt der General sich so richtig aus. »Also das ist doch eine Unverschämtheit! Da macht man sich den ganzen Weg durch den Staub von Syrien nach Israel, und dann kommt dieser Knilch von einem Propheten noch nicht einmal aus seiner Bude rausgekrochen. Ich habe gedacht, der hält für mich einen kleinen Feldgottesdienst ab oder hätt' doch wenigstens ein kleines Gebetlein sprechen können oder mir die Hände auflegen. Und stattdessen muss ich mir von diesem Typen sagen lassen, ich soll mich im Jordan baden. Als ob wir zu Hause in Syrien nicht auch Wasser hätten, viel besseres als diese dreckige Jordanbrühe! Und dann überhaupt, noch siebenmal untertauchen, Köpfchen in das Wasser, der weiß wohl nicht, wen er vor sich hat!«
Doch, der Elisa wusste ganz genau, wen er vor sich hatte: einen eingebildeten, stolzen Menschen, der es gewöhnt war, sein Leben lang bedingungslosen Gehorsam zu verlangen von seinen Untertanen, aber der nicht bereit war, Gott bedingungslos zu gehorchen. Die Bedingung, die Gott ihm gestellt hat, war ja nun wirklich nicht schwer. Gott verlangt nichts Unmögliches. Weder von dir, noch von irgendeinem Menschen, auch nicht von diesem General. Ich mein', sich wa-

schen und bis sieben zählen, na, das wird der General wohl noch gekonnt haben. Jedes Kind kann sowas. Aber das war ja gerade das Problem: Dem General war das zu einfach, sich siebenmal im Jordan zu waschen.

Wenn der Elisa von ihm verlangt hätte, er soll sein ganzes Vermögen weggeben und den Armen spenden – der General hätte alles hingegeben. Der hätte doch alles bezahlt, um seine Gesundheit zu bekommen. Nur eins, das gab er nicht auf, und das war sein Stolz. Als oberster Befehlshaber der syrischen Armee im Angesicht der eigenen Soldaten sieben Kniebeugen im Jordan machen wie so eine Ente, dazu war er nicht bereit.

Du möchtest vielleicht auch etwas von Gott haben: Gesundheit oder einen Studienplatz oder eine Freundin, und du bist bereit, Großes dafür zu tun, ein Opfer zu bringen, meinetwegen vor einer großen Menschenmenge hier oder vor deiner Klasse einmal ein Zeugnis abzulegen. Ja, das weiß ich nicht, ob Gott sowas von dir verlangt. Der verlangt von dir, dass du, und zwar ohne viel Aufhebens zu machen, dem Schwächeren in deiner Klasse hilfst.

Er verlangt von dir, dass du der kranken Frau bei dir im Haus die Hausordnung machst, auch wenn du dir deine Gymnasiastenhändchen ein bisschen schmutzig machst.

Vielleicht verlangt er von dir, dass du dich endlich mal entschuldigst bei deiner Frau für die blöde Bemerkung, mit der du ihr wehgetan hast. Du sagst jetzt vielleicht: »Also, das weiß ich alles schon von selber, wegen solcher primitiven Ratschläge komm ich nicht hierher in die Kirche. Und überhaupt erwarte ich von einem Doktor der Theologie ein paar höhere Gedanken.« Also bis du mal ein paar höhere Gedanken von mir zu hören kriegst, da musst du wirklich ziemlich lange warten. Im Gegenteil, ich sage dir: Hör mal auf mit deinen großartigen Ideen und Gedanken! Geh lieber mal einen einzigen Schritt der praktischen Nächstenliebe! Gib mal dein frommes niveauvolles Geschwätz auf und begib dich dafür ein einziges

Mal unter dein Niveau! Und wenn du sagst, du hast dich bei deiner Frau entschuldigt und sie ist immer noch eingeschnappt, dann musst du dich eben noch mal bei ihr entschuldigen. Und vielleicht noch einmal, und, ich weiß nicht wieviel, noch mal, bis Frieden zwischen euch und zwischen dir und Gott ist. Gott erwartet doch von dir gar keine großartigen Aktionen. Er erwartet von dir ganz normale, kleine, alltägliche Handlungen. Gehorsam in kleinen Dingen.

Kräftige Kühlung durch Jordan-Spülung

Von Naeman werden lediglich sieben Kniebeugen verlangt. Das ist alles. Und gerade diese Kleinigkeit, die fällt dem Naeman so schwer. Weil es für den Menschen nun mal nichts Schwereres gibt, als seinen Stolz aufzugeben. Es gibt Leute, die brauchen dazu Jahre, und manche schaffen das nie. Manche gehen ein Leben lang mit dem Gesangbuch in die Kirche und fahren am Schluss mit Karacho in die Hölle, weil sie es nicht fertiggebracht haben, ihren Stolz aufzugeben.

Der Naeman ist am Schluss doch so weit. Er hat ein paar gute Freunde um sich, die reden ihm zu, die sagen: »Hör mal zu, Naeman, wenn du schon mal hier bist, nun reagier dich mal ab, tob dich mal aus. Jetzt denk mal ruhig nach. Du könntest es doch mal probieren. Es ist nicht viel, was der Prophet verlangt hat von dir. Du könntest es doch mal tun.« Das ist schön, wenn man solche Freunde hat. Ihr seid ja auch hier in der glücklichen Lage, dass ihr solche Freunde habt: Jörg und mich und die Mitarbeiter mit den Plaketten. Wir möchten euch sagen: »Wenn du schon hier bist, warum willst du es nicht wenigstens mal probieren mit dem Angebot, das Gott dir macht?«

Der Naeman ist schließlich soweit. Er hält an. Er steigt aus. Er steigt runter an das Ufer des Jordan, und vor seinen grinsenden Soldaten zieht er seine herrliche Paradeuniform aus, so dass sie alle seinen hässlichen, von Beulen entstellten Körper sehen können. Und nun taucht er im Jordan tatsächlich unter. Einmal, und zweimal und dreimal – und er sieht nichts – und viermal und fünfmal – und er fühlt nichts, aber er soll ja nichts fühlen, er soll ja glauben – und sechsmal und siebenmal – und als er beim siebenten Mal hochkommt, da ist er gesund und rein.

Lieber erneuert als bescheuert

Und nun sagt er noch einmal: »Ganze Abteilung kehrt!«, und es geht zurück zu dem Propheten und zu dem sagt er nun folgenden Satz: *»Jetzt weiß ich, dass kein Gott ist in allen Ländern außer in Israel«* (2Könige 5,10). Und er zieht auch daraus sofort die Konsequenz: *»Ich will nicht mehr anderen Göttern opfern und Brandopfer darbringen, sondern allein dem Herrn«* (2Könige 5,17). Zu dieser Erkenntnis, zu diesem Wissen – »Nun weiß ich, dass es nur einen Gott gibt« – ist er nicht durch Nachdenken oder Philosophieren oder Diskutieren oder Studieren gekommen, sondern durch Gehorchen. Die Rettung, die innerliche und äußerliche Rettung dieses Mannes begann in dem Moment, als er Gott gehorchte. Und es gibt auch für dich keinen anderen Weg der Rettung. Gehorche Gott! Tu das, was er sagt! Und dann wirst du erfahren, dass es die Wahrheit ist, die er sagt. Und das wird dein Leben verändern. Dadurch, dass er gehorchte, ist aus dem Götzenanbeter ein Gottesanbeter geworden. So ist aus dem Lager einer gottlosen Weltanschauung einer übergetreten in das Reich Gottes. Und was damals im alten Syrien möglich war, das ist heute in unserer modernen Gesellschaft genauso möglich. Deswegen, weil der Gott, der damals gehandelt hat, auch heute noch handelt. Weil er derselbe ist.

Gott holt seine Leute heute überall aus allen Lagern der Religionen und Weltanschauungen heraus und bildet sich sein Volk. An jedem Tag bekehren sich in der Welt ca. 55.000 Menschen. Und zu den 55.000 des heutigen Tages werden bestimmt auch einige dazu gehören, die hier in dieser Kirche sitzen. Nämlich alle die, die bereit sind zu sagen: »Herr Jesus, ich hab' bis jetzt ganz falsch gelebt. Ich möchte ein neues Leben anfangen, und ich möchte es von dir haben. Bitte nimm mich an als dein Kind.«
Du sagst jetzt vielleicht, dass du als gebildeter und moderner Mensch nicht einen anreden kannst, der vor 2000 Jahren an einem Kreuz gestorben ist. Ich will dir mal was sagen: Das hat mit Vernunft oder Unvernunft nichts zu tun. Der Naeman hat sich doch nicht aus Vernunftgründen gegen das Untertauchen gewehrt, sondern der Stolz hat ihn daran gehindert. Und wenn du nicht an Gott glauben kannst, dann liegt das nicht daran, dass du so ein moderner und gebildeter Mensch bist, sondern das liegt daran, dass du so ein eingebildeter und stolzer Mensch bist. Ich bin auch ein gebildeter Mensch, und ich bilde mir ein, ich bin auch ein vernünftiger Mensch. Aber noch nie hat Gott von mir verlangt, ich müsste meinen Verstand und meine Vernunft aufgeben, und er verlangt es von dir auch nicht. Er verlangt nur, dass du deinen verdammten Stolz aufgibst! Und dann bist du in. Denn der Glaube, liebe Freunde, der fängt nicht dort an, wo dein Verstand aufhört, sondern der fängt dort an, wo dein Stolz aufhört.

Es brennt! Es brennt!
Jesaja 60,1–2

Lehrer: »Wer kann etwas über die großen Persönlichkeiten des 19. Jahrhunderts erzählen?« Schüler: »Sie sind alle gestorben.«
Der sowjetische Maler Ilja Glasunow hat ein riesiges Bild gemalt mit den Persönlichkeiten des 20. Jahrhunderts. Auf diesem Bild sind die Großen unserer Zeit dargestellt, deshalb ist es auch 18 Quadratmeter groß. Positive und negative Gestalten aus Politik, Wissenschaft und Kultur sieht man zwischen Blut, Stacheldraht und einem aufflammenden Atompilz – Weltuntergangsstimmung.
Da steht zum Beispiel der ermordete amerikanische Präsident J.F. Kennedy neben der Selbstmörderin Marilyn Monroe. Direkt davor stehen die Beatles, deren ermordeter Wortführer John Lennon einmal gesagt hat: »Die Beatles sind populärer als Jesus.« Dann sieht man den französischen Philosophen Jean Paul Sartre, dessen Glaubensbekenntnis lautete: »Der Mensch ist frei, in einer absurden Welt ohne Gott sich nach eigenen Gesetzen in heroischer Einsamkeit zu entwerfen.« Hinter Sartre steht wieder ein Selbstmörder, der Nobelpreisträger Ernest Hemingway, der nach seiner eigenen Aussage nur so beten konnte: »Unser Nichts, das du bist im Nichts, geheiligt werde dein Nichts. Dein Nichts komme.«
Neben solchen nihilistischen Philosophen und Dichtern, die mit ihrem Nihilismus und Atheismus Millionen Menschen verführt haben, stehen Politiker, die Millionen Menschen in den Tod geführt haben, z.B. der Führer Adolf Hitler, auch ein Selbstmörder. Und mitten in diesem Sammelsurium von leitenden Figuren unserer Zeit sieht man das naturwissenschaftliche Genie dieses Jahrhunderts, Albert Einstein. Einstein hat

einmal gesagt: »Es gibt nur eine Stelle in der Welt, wo es kein Dunkel gibt, das ist Jesus Christus.«

So ist es auch auf diesem Bild von Glasunow. Denn über dieser gespenstischen Ansammlung von Dunkelheit und Verbrechen leuchtet eine strahlende Hoffnung: am Horizont erscheint über der Erde Christus in majestätischer Größe und Herrlichkeit.

Fanta in der Finsternis

Dieses Bild drückt in Farben das aus, was der Prophet Jesaja in Worten ausgedrückt hat – Jesaja 60,2: *»Finsternis bedeckt das Erdreich und Dunkel die Völker; aber über dir geht auf der Herr, und seine Herrlichkeit erscheint über dir.«* Niemand beschreibt die Situation unserer Welt so treffend wie die Bibel mit diesem einen Satz: Finsternis bedeckt das Erdreich und Dunkel die Völker.

Unser Volk wird im Moment allerdings nicht mit Finsternis bedeckt, sondern mit Fanta überschwemmt und mit farbenfroher Verpackung überzogen. Das ist ja auch was zum Freuen, wenn's bei uns ein bisschen bunter wird, und ich gehöre nicht zu denen, die, nachdem wir die Lüge des Kommunismus hinter uns haben, jetzt bloß noch über die Lasten des Kapitalismus meckern. Das einzige, worüber ich zu meckern habe, ist, dass jetzt so viele was zu meckern haben.

Ich freue mich, dass ich mich abends in mein Bett legen kann ohne die Angst, nachts von der Stasi rausgeholt zu werden. Ich freue mich, dass ich an jeder Straßenecke meinen Enkeln ein Schöller-Eis kaufen kann, und ich freue mich, dass auch für unsere älteren Bürger vieles schöner wird. Zum Beispiel hat unser Chemnitzer Beerdigungsinstitut einen herrlichen, schwarzen, gut gefederten Mercedes als Leichenwagen angeschafft. Auch das Sterben macht bei uns jetzt wieder Freude!

Ich freue mich, dass so viele von euch die Chance hatten, im Sommerurlaub ein bisschen was von der Welt anzusehen.
Aber Freunde, auch wenn wir jetzt tausend Gründe zum Freuen und zur Dankbarkeit haben – das alles ändert nichts daran, dass es in der Welt nach wie vor finster aussieht. Und wer diese Finsternis nicht sieht, der ist einfach verblendet.
Wir können jetzt jeden Tag unseren Joghurt löffeln, aber immer noch sterben an jedem Tag 40.000 Kinder an Unterernährung, immer noch lebt eine Milliarde Menschen unter dem Existenzminimum, immer noch leben zwei Milliarden Menschen in der Finsternis des Heidentums und wissen nichts von Jesus, und unsere Welt wird immer mehr bedroht durch Löcher wie das Ozonloch oder durch Osama bin Laden, der zum Heiligen Krieg bläst.

Es könnte ein Licht sein sollen

Es wird immer dunkler in der Welt. Nichts nimmt so zu wie die Finsternis. Noch nie haben die Mächte der Finsternis und des Okkultismus so triumphiert. Noch nie sah die Zukunft so finster aus. Noch nie ging es den Pessimisten so gut wie heute. Und wer sich an solchen Gestalten orientiert, wie sie Ilja Glasunow auf seinem Gemälde dargestellt hat, dem bleibt wirklich nichts anderes übrig als Pessimismus. Es sei denn, er orientiert sich an der Gestalt, die auf dem Gemälde am Rande auftaucht – an Jesus.
Auf der Bühne der Weltgeschichte ist Jesus weiter nichts als eine Randfigur. Am Rande des damaligen Weltreiches wurde er in einem unbedeutenden Winkel geboren. Am Rande der menschlichen Gesellschaft, in Gesellschaft von Tieren im Kuhstall, dort stand die Krippe. Am Rande von Jerusalem, auf der Müllkippe der Heiligen Stadt, stand das Kreuz, an dem er starb. Von seinem Leben und Sterben nahm die Welt-

presse nicht einmal mit einer Randbemerkung Notiz. Was sich auf der Bühne der Weltgeschichte breit und in der Presse Schlagzeilen macht, sind die Breit- und Großmäuler, die mit ihren Worten und Taten die Menschen narkotisieren oder terrorisieren.

Die alle haben aber noch nichts daran geändert, dass der Zustand der Welt immer noch so ist, wie es die Bibel beschreibt: »Finsternis bedeckt das Erdreich und Dunkel die Völker.« »Aber«, so heißt es hier weiter, »aber *über dir geht auf der Herr, und seine Herrlichkeit erscheint über dir*«. Und nun behauptet Jesus: Der Herr, das Licht, von dem der Prophet Jesaja spricht, bin ich – ich bin das Licht der Welt. Er sagt nicht im verqueren Theologenslang: »Ich würde das Licht sein wollen.« Auch nicht: »Ich will das Licht werden.« Gleich gar nicht: »Ich möchte der Welt ein Stückchen Licht bringen.« Sondern: »Ich bin das Licht der Welt«. Punkt. Amen. Halleluja. Kein Wunschtraum. Keine Forderung, sondern eine Feststellung, eine Tatsache.

Was für eine herrliche Botschaft für unsere gebeutelte Welt, für die viele nur noch schwarzsehen können. Ja, es war noch nie so wahr wie heute, was Jesaja sagt: »Finsternis bedeckt das Erdreich und Dunkel die Völker.« Davon können wir alle ein Lied singen, auch wir Christen. Aber wir haben noch eine Strophe mehr drauf, und die heißt: »Aber über dir geht auf der Herr!« Dem allgemeinen Weltuntergangsgemuffel können wir diesen hellen Ton einer strahlenden Hoffnung und Glaubensgewissheit als Kontrapunkt entgegensetzen: Das Licht ist da! Jesus ist da! Jeder kann das Licht des Lebens haben!

Das brennt so ziemlich ewig

Im Chor der Ökumene gibt es Stimmen, die behaupten, dass dieses Licht auch in anderen Religionen flackert, also dass man auch im Islam, Buddhismus oder sonstwo Erlösung haben kann. Folgerung: Es darf nicht mehr vom Absolutheitsanspruch des Christentums geredet werden, und es muss nicht mehr von der Bekehrung geredet werden. Aber das ist absolut verkehrt! Wenn Jesus von sich sagt: »Ich bin das Licht der Welt«, dann sind damit alle anderen großen und kleinen Lichter als Menschheitserlöser ausgeschaltet und als Irrlichter eingestuft. Selbst ein Buddha, der sich selbst als einen »Erleuchteten« bezeichnet, ist neben Jesus nur eine Funzel, unfähig, dich aus deiner Schuld in die Freiheit zu führen, und vor allem unfähig, dich in Gottes Ewigkeit zu führen. Das ist das große Ziel, das darfst du unter keinen Umständen verpassen. Du hast ja nicht nur jetzt das Leben vor dir, für das Jesus dein Maßstab sein will. Du hast nach diesem Leben noch die Ewigkeit vor dir, auf die Jesus dich vorbereiten will. Die Ewigkeit – vergiss das nicht!

Und wo du deine Ewigkeit verbringst, mit oder ohne Gott, im Himmel oder in der Hölle, hängt davon ab, womit du dein Leben verbringst – ob mit oder ohne Jesus. Dein irdisches und ewiges Schicksal hängt an dieser Frage, an dieser Person, daran entscheidet sich alles.

In einem Lied heißt es: »Wer stirbt, der wird nicht nur zur Erde. Gott ruft ihn zum jüngsten Gericht. Finsternis bleibt für die einen zuletzt, die anderen dürfen ins Licht.« Mensch, du darfst ins Licht! Dort, wo es für alle endgültig finster wird, gehen wir Jesusleute ins Licht! Leute – was für eine Perspektive!

Was ist eigentlich deine Perspektive? Wohin gehst du? Weißt du überhaupt, wo's lang geht? Ich frage dich jetzt, wie du zu dem Anspruch Jesu stehst und ob du schon mit ihm gehst. Also: Wer ist Jesus für dich? Zusatzbeleuchtung für kritische Strecken? Frommer Nebelscheinwerfer? Oder ist er dein Licht? Ist Jesus das Licht für dich?

Out go the lights

Vor ein paar Jahren fuhr ich die B 95 zwischen Leipzig und Chemnitz. Kennt ihr die? Also ich kenne die in- und auswendig.
Auf dieser Strecke bin ich absolut sicher. Die kenn' ich im Schlaf. Die könnte ich, wie man so sagt, mit geschlossenen Augen fahren. Das sagt man so, aber ich sage euch: So ist das gar nicht. Du kannst eine Strecke in- und auswendig kennen, ohne Licht bist du in der Nacht verloren.
Es war in der Nacht. Wir waren mit zwei Autos unterwegs. Ich fuhr vorneweg, aber kurz nach Frohburg überholte mich der andere, und das war mein Glück. Denn da passierte es. Ich weiß bis heute nicht, woran es lag. Ich habe noch keinen gefunden, der es mir erklären konnte. Ich hab' so was auch nie wieder erlebt und von niemand anderem gehört.
Bei mir ging jedenfalls plötzlich – so wahr ich hier stehe: drei Mann von der Schlossband, die mitfuhren, sind Zeugen – also bei mir ging plötzlich das Licht aus. Einfach aus! Totales Blackout! Scheinwerfer aus, Armaturen aus – nichts! Das waren schreckliche Sekunden. Es können nur Sekunden gewesen sein, aber die haben gereicht! Immerhin flederten wir mit 80 Sachen durch die stockfinstere Nacht, und auf einmal fällt vor deiner Nase das Licht aus – du weißt echt nicht, wo du bist. Aber die Karre, in der du sitzt, rast ja weiter.
In diesen irren Sekunden hat mich eins gerettet: das Licht vom Vordermann. Das war in diesem Moment meine einzige Orientierung. Ich konnte nur eins machen: Lenkrad fest in die Hand nehmen und dem Licht vor mir hinterherfahren.
Ich habe damals nicht die ganze Straße vor mir erleuchtet gesehen. Ich habe keine Einzelheiten gesehen. Aber ich sah das Licht, und ich wusste: wo das Licht ist, ist die Fahrbahn. Wo der fährt, kann auch ich fahren.

Wie gesagt: Ich hatte keinen Überblick über die ganze Situation. Aber ich hatte das Wichtigste, was ich in dieser Situation brauchte: Ich hatte die Richtung.

Keine Probleme ab 30°C

Jesus sagt: »Ich bin das Licht.« Kein Scheinwerfer, der bis in die letzte Ecke strahlt. Aber ein Licht, in dessen Schein du immerhin die nächsten Schritte tun kannst. Du hast die Richtung! Wie gesagt, das alles waren nur Sekunden, ich war noch beim Bremsen, als das Licht wieder anging und ich mich wieder fing. So, und seitdem weiß ich, dass es Quatsch ist, wenn einer sagt: »Ich kenn' mich aus. Ich bin schlau genug. Ich komm alleine durchs Leben. Ich brauch' keinen, der mir zeigt, wo's lang geht. Mir reicht Jesus für den Sonntag, den Alltag packe ich ohne den.«

Sonnenklar, dass du an sonnigen Tagen bei 30 Grad Hitze und null Problemo gut zurechtkommst. Du wärst ja blöd, wenn du das nicht schaffen würdest. Bei Sonnenschein gute Laune haben, na das ist keine Kunst!

Es ist aber auch kein Geheimnis, dass das Leben nicht nur aus sunny days besteht. Es gibt auch dunkle Stunden. Über die redest du natürlich mit niemandem. Aber du hast sie. Du kennst sie. Tu jetzt nicht so, als ob du nicht wüsstest, wovon ich rede. Ich rede von den Stunden, wo du in deiner Bude hockst und heulst, weil irgendetwas schief gegangen ist, weil du nicht weißt, wie's weitergehen soll, weil du nicht mehr durchsiehst, weil du deine Ohnmacht erlebst, weil du irgendwas einfach nicht packst. Das sind die Stunden, wo du dir wünschst: Jetzt müsste mir einer sagen, wo's lang geht. »Der bin ich«, sagt Jesus. »Wenn du zu mir kommst, siehst du klar und kommst du klar.«

Wer'n bisschen was auf sich hält

Ich habe noch nie einen Menschen getroffen oder von einem gehört, der so weit gegangen ist und so was von sich sagt: »Ich bin das Licht der Welt.« Manche denken von sich: »Ich bin ein großes Licht.« Aber das denken die nur, laut sagen tut das keiner. Denn wenn einer sagen würde, so in vollem Ernst: »Leute, mal ehrlich: Ich bin ein großes Licht« – ich schätze, der würde nicht mehr lange frei rumlaufen. Denn jeder würde sich doch an die Stirn tippen und sagen: »Mann, du läufst wohl nicht ganz rund, du spinnst ja.«

Das haben die Leute zu Jesus damals auch gesagt. Das sagen auch heute viele zu Jesus. Das kannst du natürlich genauso sagen. Aber du kannst auch was anderes machen. Du kannst es nachprüfen. Ausprobieren. Testen. Das ist überhaupt die einzige Möglichkeit, um rauszukriegen, ob das, was Jesus sagt, hinhaut oder nicht. Ob der dich hinters Licht führt oder ins Licht. Bloß so mit Drüber-Diskutieren, Aus-der-Ferne-Theoretisieren spielt sich bei Jesus überhaupt nichts ab. So aus der Distanz heraus kriegst du über ihn überhaupt nichts raus. Du musst rankommen, richtig nahe. Jesus nennt das Nachfolgen. Bei ihm einsteigen. Mitmachen. Und indem du Schritte mit Jesus gehst, merkst du, ob es mit ihm geht. Indem du tust, was er sagt, erfährst du, ob er die Wahrheit sagt.

... schickt Theo in die Zelle!

Ich wollte mal von unterwegs meine Frau anrufen. Ich rein ins nächste Postamt. Dort hatten sie zwar eine Telefonzelle, aber die war stockfinster. Ich reiße die Türe auf – vor mir ein dunkles Loch wie ein schwarzlackierter Sarg bei Mondfinsternis. Und nirgends ein Lichtschalter! Ich sag' zu dem Fräulein von der Post: »Kann man hier irgendwo Licht machen?« Sagt die: »Jaa, da müssense reingehen!« Ich sage: »Das will ich ja gerade, aber ich kann ja nicht rein, weil's da drin finster ist.« Sagt die wieder: »Nu hörense mal auf mich, gehnse nur erst mal rein in die Zelle, dann wernse schon sehn.« Ich also gehorsam da rein, und wupp – in dem Moment, wo ich mich mit beiden Beinen auf den Fußboden der Zelle gestellt habe, geht oben das Licht an. Der Schalterkontakt war genau unter dem Fußboden. Erst als ich mich da draufgestellt hatte, war der Kontakt da, und die Post ging ab.

Wenn ich nicht in die Zelle reingegangen wäre, wäre die finster und ich ohne Verbindung zu meiner Frau geblieben. Ich hätte eben nicht erfahren, wie es ihr geht und den Kindern, ob Westpakete angekommen sind und solche wichtigen Dinge. Ich hätte eben keine Information gehabt. Ich wäre unwissend geblieben, außerdem unglücklich, weil ich ja das Ziel meiner Sehnsucht nicht erreicht hätte. Dass es doch geklappt hat, verdanke ich nur der Tatsache, dass ich das gemacht habe, was mir das Fräulein von der Post gesagt hat. Ich hätte ja dagegen einwenden können: »Solange Sie mir nicht beweisen, dass es in der Telefonzelle Licht gibt, glaube ich Ihnen gar nichts und gehe da nicht rein.« Die konnte mir von ihrem Platz aus gar nichts beweisen. Den entscheidenden Schritt musste ich schon selber tun.

Und ich kann dir von meinem Standpunkt aus auch gar nichts beweisen. Den entscheidenden Schritt musst du schon selber tun. Ich kann dir nur sagen: Dir wird ein Licht aufgehen, wenn du zu Jesus hingehst. Also geh hin!

Und dann geht dir die Sicht auf

»Zu Jesus gehen« heißt: ihn anreden. Du kannst z.B. sagen: »Herr Jesus, ich will rauskriegen, ob das stimmt, was ich da von dir höre. Ich will tun, was du sagst.«

Dass das Fräulein von der Post mich nicht verklapst hat, habe ich daran festgestellt, dass ich mich in die Zelle reingestellt habe. Ich hatte nur eine Chance: Ich war gehorsam. Du hast nur eine Chance, wenn du rauskriegen willst, ob Jesus das Licht ist: Wenn du ihm gehorsam bist. Wenn du ihm nachfolgst. Also: Wer nachfolgt, sieht klar. Das Erste, was du siehst, ist deine Schuld. Du erkennst dich im Lichte Gottes und siehst, dass du überhaupt nicht so bist, wie du nach Gottes Willen sein solltest. Und jetzt kommt das Größte: Wenn du deine Schuld nicht nur erkennst, sondern bekennst und bereust, wird Jesus sie dir vergeben. Überall in der Bibel ist Finsternis ein Bild für Sünde und Gottesferne. Sünde, Ungehorsam gegen Gott, das ist die größte, die eigentliche Finsternis.

Als Jesus mit ausgebreiteten Armen am Kreuz hing und sich Finsternis über das Land ausbreitete, hat er die Finsternis, die über dem Leben der Menschen liegt, mit seinem Blut weggewischt. Seitdem kann jeder, der will, Frieden mit Gott haben. Selbst deine finstersten Gemeinheiten können vom Licht der Vergebung überstrahlt werden.

Nichts macht ein Menschenleben so hell wie die Vergebung. Und falls du heute gerade in so einer Situation bist, wo du überhaupt nicht mehr durchsiehst, wo dir alles unklar und finster vorkommt, weil du so richtig in eine Sünde reingetappt bist – dann greif zu! Dann nimm das Vergebungsangebot an. Egal, wer du bist und was du gemacht hast – macht nichts! Jesus macht bei dir Licht an, wenn du ihn bei dir reinlässt. Du hast damit eine Chance, die zwei Milliarden Menschen nicht haben.

Ich bin Klempner von Beruf

Mehr als zwei Milliarden haben noch nie gehört, dass es einen Weg aus der Schuld gibt. Die haben's noch nie gehört, weil es

ihnen noch keiner gesagt hat. Die es ihnen hätten sagen müssen, sind die Christen. Aber die sind seit 2000 Jahren zu faul, zu geizig, zu ungehorsam und zu sehr mit anderen Dingen beschäftigt, statt sich um die Mission zu kümmern.
Soll ich euch mal sagen, wer in der Weltmission das Schlusslicht ist? Das sind wir, die Deutschen. Überall mit der großen Klappe vorneweg, aber in der Mission hoffnungslos hinterher. Weltmeister im Fußball, aber in der Missionierung des Erdballs mit Abstand die letzten. An der Spitze stehen die Norweger. Bei denen kommt ein Missionar auf 2500 Einwohner. Und wie es bei uns ist, in Ostdeutschland, das weiß ich nicht. Wir sind so mies, dass wir in keiner Statistik mehr vorkommen. Wir sind, was die Beteiligung an der Weltmission betrifft, einfach unterm Strich. Bis jetzt hatten wir eine herrliche Ausrede: die Mauer. Wir konnten nicht raus, und unser Geld auch nicht. Aber jetzt ist die Mauer weg und das Geld ist da, und da frag' ich dich: Was tust du für die Mission?
Geld geben und beten können wir alle, aber manche könnten noch mehr, nämlich für ein paar Jahre oder für immer in die Mission gehen. Du musst ja nicht gleich Missionar werden mit Predigen und so. In der evangelikalen Weltmission sind etwa 4000 Stellen frei, von der Krankenschwester bis zum Computerspezialisten, vom Traktoristen bis zum Flugzeugpiloten, vom Missionar bis zum Professor. Und ich frage dich: Bist du mit deinen Berufsplänen schon fertig? Geht's dir wie den anderen bloß um einen Job, wo du schnell viel Schrot verdienen kannst? Oder willst du nicht mal fragen, wie du Gott dienen kannst? Wozu Gott dich braucht?
Bereite dich darauf vor, von Gott gebraucht zu werden! Mensch, vergeude nicht deine kostbare Zeit in dumpfen Diskos, lern lieber Englisch! Du bist in einer beneidenswerten Situation. Du hast eine Chance, die die letzten Generationen nicht hatten: Du kannst, wenn du willst, in die Weltmission! Wir stehen als Mitarbeiter Jesu im größten Arbeitsfeld der

Erde, sehen uns mit der größten Aufgabe konfrontiert, die je den Christen gestellt war, haben mit der größten Konkurrenz zu rechnen und sind beauftragt, der Welt das größte Geschenk zu bringen, das Heil und Rettung bedeutet: Jesus Christus. Die Frage ist: Willst du? Oder machst du lieber deinen eigenen Klempnerladen auf? Hast du überhaupt deinen jetzigen Berufswunsch mit Jesus abgesprochen? Hast du ihn jemals gefragt, ob er damit einverstanden ist, dass du Klempner wirst? Nichts gegen Klempner. (Übrigens, ich könnte einen gebrauchen, wenn jemand unter euch ...) Oder hast du ihn schon mal gefragt, ob er dich woanders braucht? Und bist du bereit, dorthin zu gehen, wo er dich hinschickt? Überdenke noch mal deine Berufspläne und besprich sie mit Jesus. Bitte ihn um Klarheit und vergiss bitte nicht die gigantische Finsternis, die unsere Erde bedeckt.

Sonst werd' doch einfach Leuchtturmwärter

Finsternis bedeckt das Erdreich und Dunkel die Völker. Gott ist gegen die Finsternis angegangen. Gott möchte, dass wir gegen die Finsternis angehen, deshalb beginnt unser Kapitel, noch bevor die Feststellung von der Finsternis kommt, mit der Aufforderung – Vers 1: *»Mache dich auf! Werde licht!«*
Das heißt: Mach deinen Mund auf, damit andere von Jesus hören. Werde ein Leuchtsignal, damit andere Jesus sehen! Was unser Land, unsere Welt am meisten braucht, sind Menschen, die von Jesus reden. Das ist unser Auftrag, und wir haben keine andere Wahl: Entweder wir machen unseren Mund auf oder unseren Laden zu. Wir müssen Christus bezeugen oder auf unseren Christennamen verzichten. Wenn wir nicht leuchten, sind wir und andere verloren.
Ein Leuchtturmwärter hat die Aufgabe, ein Licht leuchten zu lassen. Davon hängt das Leben vieler Menschen ab. Ich hör-

te mal von so einem Mann. Der sagte immer zu seiner Frau: »Halt die Scheiben sauber und lass das Licht leuchten.« Eines Tages wurde er krank. Bevor er ins Krankenhaus abtransportiert wurde, schärfte er seiner Frau ein: »Halt die Scheiben sauber und lass das Licht leuchten.« Als die Frau ihn ein paar Tage später im Krankenhaus besuchen wollte, sagte man ihr, dass ihr Mann gestorben sei. Sie fragte die Schwester: »Hat er eine Nachricht hinterlassen? Hat er ein letztes Wort gesagt?« »Ja«, sagte die Schwester. »Er hat als letztes gesagt: Halt die Scheiben sauber und lass das Licht leuchten.«
Gott sucht Menschen, die nur eine Sorge haben: Dass keiner im Meer der Schuld untergeht. Dass jeder am Ufer von Gottes Ewigkeit ankommt. Dass alle gerettet werden. Mache dich auf! Werde licht! Halt die Scheiben sauber und lass das Licht leuchten!

Mir fehlt doch nichts

Matthäus 19,16ff

Seit Jahren steht am Ausgang der Fragekasten. Da kann jeder seine Fragen – anonym – reinschmeißen, und ich beantworte die dann öffentlich am nächsten Abend. Früher konnte ich mich manchmal vor Fragen gar nicht retten. Da haben die Jugendlichen mich regelrecht überschüttet. Das ist jetzt nicht mehr so. Die Fragen werden immer weniger; und das finde ich immer bedenklicher.
Früher haben die Jugendlichen wenigstens, wenn ihnen keine ernsthaften Fragen einfielen, versucht, mich auf die Schippe zu nehmen und eben irgendwelchen Quatsch gefragt, z.B. »Warum ist die Banane krumm?« So eine Gelegenheit lasse ich mir natürlich nicht entgehen und setze da noch einen drauf. Wenn ich Zeit hab und die Muse mich küsst, mach ich die Antwort in Form eines Gedichtes. Ich hab mir inzwischen eine ganze Sammlung solcher Blödelgedichte angelegt.

Gorbis Strähne geht auf Reisen

Neulich wurde ich gefragt: »Gibt es Außerirdische?«
Antwort:

> Das hab ich auch schon oft gelesen,
> es gäbe außerird'sche Wesen.
> Doch leider hat die Wissenschaft
> bis heute es noch nicht geschafft,
> ihr Dasein wirklich zu beweisen.
> Egal, wieweit ins All wir reisen –
> es wird nie Lebewesen geben,
> die irgendwo im Weltall schweben.

Denkbar ist nur ein einz'ger Fall:
Dass irgendwo im fernen All
paar Sachsen außerirdisch leben –
denn Sachsen, die gibt's überall.

Beispiel 2: »Wann lassen Sie sich endlich eine Strähne färben?«
Antwort:

Ich hab im Bart und meiner Mähne
schon mehr als eine graue Strähne.
Wenn ihr das braucht, dann färbt euch nur!
Doch meine Strähnen sind Natur.

Aller guten Dinge sind drei. Frage: »Was meinst du zu den Herren Michail Gorbatschow und Ronald Reagan und ihrer Politik?«
Antwort:

Gorbatschow und Reagan,
die soll'n sich überlegen,
dass es für den Frieden gefährlich ist,
wenn einer überlegen ist.

Der Reagan hört auf Gorbatschow
und hört mit den Cruise Missiles off,
der Micha geht auf Ronni ein
und stampft die SS 20 ein.

Der Michael und der Ronald
die treffen sich bei McDonald.
Und dort essen Ronni und Michel
ihr Würstchen mit Hammer und Sichel.

Wer nicht fragt, der spinnt

So, das langt. Aber so lustig geht's beim Fragenbeantworten nicht immer zu, und das Traurige ist, wie gesagt, dass die Fragen in den letzten Jahren immer weniger werden. Und ich frage mich: Was ist mit den Jugendlichen los? Mit einer Jugend, die nichts mehr fragt, ist nichts mehr los. Die hat einen seelischen Knacks, die ist nicht normal. Bei der stimmt was nicht. Fragen ist das Vorrecht der jungen Generation. Die Frage ist bloß: Wo findet man einen, der antwortet? Und hier sehe ich das eigentliche Problem. Das Problem liegt nicht bei den Jugendlichen, die nicht fähig sind, Fragen zu stellen, sondern das Problem liegt bei den Erwachsenen, die nicht fähig sind, ihre Fragen zu beantworten.

Das geht ja schon los, wenn die Kinder noch ganz klein sind. Da kommt eines Tages die unvermeidliche Frage, wo die Kinder herkommen, und schon das bringt manche Eltern in Verlegenheit. Sie kriegen eine rote Birne, Vater versteckt sich hinter seiner Zeitung und meint: »Da musste Muttern fragen.« Die Mutter rührt angestrengt im Kochtopf rum und sagt: »Du siehst doch, dass ich jetzt keine Zeit hab', frag mal die Oma.« Die Oma erzählt dann den Mist mit dem Klapperstorch oder sagt: »Da musst du deinen Vater fragen«, und der sagt dann: »Das verstehst du noch nicht. Dazu bist du noch zu klein. Das erkläre ich dir später. Komm, jetzt gucken wir uns erst mal gemeinsam das Sandmännchen an.«

Auf diese Unart und Weise verschaukeln sich manche Leute bis ins hohe Alter. Da treffen sich zwei Psychiater auf der Straße in einer fremden Stadt. Sagt der eine: »Guten Tag, Herr Kollege, wie gut, dass ich Sie treffe. Ich habe ein Problem: Können Sie mir sagen, wo hier der Weg zum Bahnhof geht?« Sagt der andere: »Nein. Aber ich finde es gut, dass wir mal miteinander darüber gesprochen haben.«

Vertrauen ist gut, Antwort ist besser

Es gab mal einen amerikanischen Film über Probleme der jungen Generation, der hatte den Titel: »Und sie wissen nicht, was

sie tun«. Ein Klassiker der Filmgeschichte, die Hauptrolle spielte James Dean. Er spielte einen reichen jungen Mann, dem seine Eltern jeden Wunsch erfüllen. Sie tun alles, um ihn glücklich zu machen. Aber von den Fragen, die ihn beschäftigten, haben sie keine Ahnung. Und als er mal mit einer Frage rausrückt, da kommt der Vater eben mit dieser saublöden Auskunft: »Warte ab, in zehn Jahren sieht alles ganz anders aus, da siehst du das nicht mehr so verbissen, da denkst du dann anders darüber.«
Da schreit der junge Mann: »Zehn Jahre! Jetzt will ich das wissen! Jetzt brauch ich die Antwort!« Und dann springt er später seinem Vater an die Kehle, würgt ihn und haut ab.
Diese Filmszene ist zwar schon ein paar Jahrzehnte alt, aber sie spielt sich tausendfach in unseren Familien ab, abgesehen vom Schluss. Heute springt kein junger Mann seinem Vater wegen sowas an die Kehle. Heute lassen die Jungs ganz cool ihre Väter einfach stehen, weil sie einsehen: Es hat gar keinen Zweck, den was zu fragen, der gibt mir sowieso keine klare Antwort. Und ich fürchte und vermute, dass das seltenere Fragen junger Menschen mit dieser traurigen Erfahrung zusammenhängt, die sie mit manchen Erwachsenen, z.B. Eltern, Lehrern, Pfarrern, Politikern gemacht haben: Der weiß keine Antwort, der will nicht antworten, der drückt sich, der sagt nicht, was er wirklich denkt, der lässt bloß Phrasen ab, der glaubt selber nicht, was er erzählt.
Ich werde nie die Wahlen am Ende der DDR vergessen, als Egon Krenz Vorsitzender der Wahlkommission war. Damals haben junge Christen an ihn geschrieben. Sie wollten wissen, was eine Neinstimme, was eine ungültige Stimme ist usw. Sie haben nie Antwort bekommen. Wo dieser Eindruck entsteht – der drückt sich –, entsteht Misstrauen. Da ist das Vertrauen zerstört, und wo das Vertrauen im Eimer ist, läuft nichts mehr. Da laufen die Jugendlichen dann bloß noch zu Zehntausenden davon, wie wir es damals erlebt haben. Wo Vertrauen fehlt, brechen ganze Staaten und Weltreiche zusammen.

Trau dich doch!

Ich habe nur ein einziges Ziel: Ich werbe um dein Vertrauen. Nicht um Vertrauen zu irgendwelchen Erwachsenen, Institutionen, Parteien, Eltern, zu anderen oder zu mir. Das ist zwar was Schönes, aber darum geht es heute nicht. Es geht einzig und allein um das Vertrauen zu Jesus.

Wenn die Bibel von Vertrauen spricht, benutzt sie das Wort Glauben. Glauben und Vertrauen - das ist ein und dasselbe. An Jesus glauben heißt, dass du ihm vertraust, dich ihm anvertraust, ihm was zutraust, dich an ihn rantraust.

Die Bibel erzählt von einem jungen Mann, der sich mitten auf der Straße an Jesus ranmacht und ihm eine Frage stellt, Matthäus 19,16ff: *»Was muss ich Gutes tun, um das ewige Leben zu bekommen?«* Heute würde einer vielleicht sagen: »Was muss ich tun, damit mein Leben einen Sinn hat? Wie lebe ich so, dass es wirklich Leben ist?«

Jesus antwortet, Vers 17: *»Du kannst ewiges Leben bekommen, wenn du Gottes Gebote hältst.« »Welche Gebote denn?«, fragte der Mann, und Jesus antwortete: »Du sollst nicht töten! Du sollst nicht die Ehe brechen! Du sollst nicht stehlen! Du sollst nicht schlecht über andere reden! Achte deine Eltern, und liebe deine Mitmenschen wie dich selbst!«*

Besondere Note der Gebote

Das ist eine klare Antwort. Und es ist klar: Wir hätten einen Haufen weniger Ärger in unserem persönlichen Leben und im Leben der Völkerfamilie, wenn wir uns nach diesen paar Geboten richten würden. Würden die Menschen ihr Geschlechtsleben nach diesem Gebot Gottes richten, hätte AIDS keine Chance. Würden die Menschen ihr Geschlechtsleben nach dem Gebot Gottes führen und nicht schon vor der Ehe zusammen schlafen, gäbe es nicht so viele Abtreibungen schon bei Jugendlichen. Würden die Menschen ihr Geschlechtsleben nach dem Gebot Gottes führen und jeder nur mit dem schlafen, mit dem er verheiratet ist, gäbe es nicht so viele Ehescheidungen, Tränen, kaputte Familien und Kinder, die nie in einer richtigen Familie aufwachsen. Es wäre eine Erlösung, eine Wohltat, wenn die Menschheit die einfache Antwort von Jesus akzeptieren würde. Klarer, einfacher und eindeutiger geht's nicht. Aber die Menschen denken immer wieder, ohne Gott geht's besser und sie kommen auch ohne die Gebote klar, und dann wundern sie sich, dass das schiefgeht. So was muss schiefgehen, denn Glück – also das, wonach wir uns alle sehnen und was Gott uns allen gönnt – Glück gibt es nur innerhalb dieser Gebote. Und jedes Übertreten führt nicht etwa zum Glück, sondern zum Unglück.

Reicht doch!

Gott hat uns die Gebote doch nicht gegeben, damit wir darüber diskutieren, wie wir um sie drumrum kommen, sondern damit wir sie praktizieren, damit wir durchs Leben kommen. Wenn du dich nicht an diese einfachen Gebote hältst, machst du dir es nicht einfacher, sondern alles nur komplizierter.
Der einfache Gehorsam gegen Gottes Gebot ist die beste Art, mit den kompliziertesten Problemen des Lebens fertig zu werden. Leben, wirkliches, gutes Leben, Gutsein und ein gutes Gewissen gibt es nur im Rahmen der Gebote Gottes. Alles andere ist Selbstbetrug und Illusion. Und weil Gott möchte, dass dein Leben gelingt, hat er dir eine Betriebsanleitung für dein Leben mitgegeben – das sind die 10 Gebote. Die sollst du halten. Das genügt.

Jesus mag's, wenn du fragst

Dem jungen Mann genügt diese Antwort nicht. Er sagt: Das ist doch nix Neues. Die Platte kenn ich doch schon seit der Konfirmandenstunde. Und überhaupt (Vers 20): *»Diese Gebote habe ich seit meiner Jugend gehalten.«*

Jetzt müsste Jesus eigentlich sagen: »Also junger Mann, jetzt halten Sie mal die Luft an. Kein Mensch hält ein Leben lang alle Gebote. Was Sie mir hier erzählen, ist absoluter Müll!« Aber das sagt Jesus nicht. In der Bibel steht nicht: »Jesus sah ihn streng an und kritisierte ihn«, sondern in der Bibel (Markus 10,21) steht: *»Jesus sah ihn an und liebte ihn.«* Der Junge redet Mist, und Jesus liebt ihn! Jesus liebt junge Männer, die Fragen stellen. Vor allem, wenn sie die wichtigste Frage des Lebens stellen, die Frage nach dem ewigen Leben. Jesus liebt sie auch dann, wenn sie mal was Falsches sagen. Kannst du mir sagen, wo es das noch mal gibt, dass du geliebt wirst, wenn du was Falsches sagst? Du brauchst doch in deiner Familie, deiner Clique, deinem Kirchgemeinderat, deiner Firma bloß einen einzigen falschen Ton zu sagen – man ist ja umgeben von lauter Mimosen – und du wirst kritisiert, korrigiert, schikaniert, fallen gelassen, der Ofen ist aus – außer bei Jesus. Der liebt dich auch dann, wenn du mal Unsinn redest. Der liebt uns so, wie wir sind, und wir sind mies. Und das merkt der junge Mann schließlich auch. Denn obwohl er gerade behauptet hat, er hätte alle Gebote von Jugend auf gehalten und wäre sozusagen vollkommen, fragt er weiter (Vers 20): *»Was fehlt mir noch?«*

Niestüte oder Gottes Güte

Dem fehlt eigentlich nichts. Der ist reich. Der hat alles, was man zum Leben braucht, der lebt im Luxus, im Überfluss bis zum Überdruss. Der hat's nicht nötig, stinkige Selbstgedrehte zu rauchen und farbenfrohe Filzhosen aus dem Versandhauskatalog anzuziehen. Der raucht Camel, der trägt nur Anzüge von Boss, der trinkt nur Whisky, aber die Camel, der Whisky, die Parties und der ganze Schnulli hängen ihm zum Halse raus. Materiell fehlt dem nichts, aber das ist es ja eben, dass er merkt: Materieller Reichtum ist noch keine Sinnerfüllung des Lebens. Ein gut gestellter, hoch gestellter DDR-Bürger hat einmal gesagt: »Ich gestehe, ich habe keine Hoffnung. Ich sehe, wenn die Irrtümer verbraucht sind, sitzt uns als letzter Gesellschafter das Nichts gegenüber.« Diese nihilistische Äußerung stammt von Bert Brecht, einem der berühmtesten deutschen Dichter unserer Zeit. Der Mann hatte Privilegien. Der hatte Reichtum. Der hatte Weltruhm. Der hatte etwas erreicht in seinem Leben. Ist es nicht traurig, dass ein Mensch mit solchen Begabungen und Erfolgen am Ende seines Lebens feststellen muss: »Ich habe keine Hoffnung«? Nicht alle alten DDR-Bürger standen am Ende ihres Lebens so leer da wie der Bert Brecht. Als mein Vater über 80 war, hab ich ihn oft besucht. Als ich an einem Ostersonnabend zu ihm kam, lag er in seinem Bett, und es war klar, dass es sein letzter Tag war. Ich habe mich an sein Bett gesetzt und die letzten Stunden seines Lebens bei ihm verbracht. Und dann kommt ein Moment, den ich schwer beschreiben kann, das ist so, als ob der Tod ins Zimmer tritt. Jedenfalls weißt du: Jetzt ist es soweit. Das ist das Ende. Was machst du da? Mensch, der Vater stirbt! Da hab ich Vaters Bibel genommen, aus der er ein Leben lang den Menschen gepredigt und gelehrt hat, und hab den Römerbrief aufgeschlagen und laut gelesen: *»Ich bin gewiss, dass weder Tod noch Leben, weder Engel noch Fürstentümer noch Gewalten, weder Gegenwärtiges noch Zukünftiges, weder Hohes noch Tiefes noch eine andere Kreatur uns scheiden kann von der Liebe Gottes, die in Jesus Christus ist, unserem Herrn.«* Und während ich diesen Triumphgesang der Liebe Gottes gelesen habe, da ist er hinübergegangen. Der ist doch nicht ins Nichts geflogen, der ist in die offenen Arme von Jesus gegangen! So ist der gestorben. So möchte ich mal sterben. Ich weiß nicht, wie der Bert Brecht gestorben ist. Aber ich möchte wissen, wie du mal sterben willst, wenn du dein Leben auf nichts weiter als auf einer materiellen Grundlage aufgebaut hast.

Soll das alles sein?

Die östliche Spielart des Materialismus haben wir hinter uns. Jetzt sind wir voll auf die westliche Spielart abgefahren. Aus gut unterrichteten Bäckerkreisen habe ich erfahren, dass es in der Bundesrepublik 360 Brotsorten gibt. Und wenn du jeden Tag eine andere Brotsorte frisst, wird deine Seele verhungern, wenn du Jesus nicht hast, der von sich gesagt hat: »Ich bin das Brot des Lebens.« Der Materialismus ist keine Antwort auf die Frage nach dem Sinn des Lebens. Das merken heute immer mehr Wohlstandskinder, die im Materialismus erzogen und im materiellen Reichtum aufgewachsen sind. Viele haben einen Krippenplatz, einen Studienplatz, einen Ferienplatz, manche haben sogar einen Arbeitsplatz. Viele haben alles, was man zum Leben braucht, vor allem alles, was man nicht braucht. Unsere Buden sind vollgestopft mit Gelumpe, was kein Mensch benötigt. Und trotzdem haben Millionen Menschen eine ungeheure Sehnsucht in sich, ohne zu wissen, wonach. Millionen stellen heute die gleiche Frage wie damals der junge Mann: »Was fehlt mir eigentlich?«

Beim Kies wird's fies

Die Antwort von Jesus heißt: »Ich fehle dir.« Er sagt (Vers 21): *»Geh los, verkaufe alles, was du hast, und gib das Geld den Armen.*

Und dann komm und folge mir nach.« Diese Antwort ist unkompliziert, unmissverständlich und unbequem. Aber die bequemen Antworten sind meistens sowieso nichts wert. Die Antworten, die Jesus gibt, sind nie bequem, aber oft verblüffend einfach. Jedenfalls sind es Antworten, mit denen man leben kann, wenn man nur will. Der junge Mann sucht nach einem Leben voll Sinn, das wert ist, gelebt zu werden. Jesus sagt: »Das kannst du haben. Noch in diesem Augenblick.« Jeder kann es haben, wann immer er will.

Der junge Mann will nicht. Er dreht sich auf dem Absatz rum und lässt Jesus stehen (Vers 22): *»Als der junge Mann das hörte, ging er traurig davon, denn er war sehr reich.«*

Er will nicht auf seinen Luxus verzichten. Er will nicht alles auf eine Karte setzen. Er will nicht das Abenteuer mit Jesus, er will die teuren Abende mit jedem Luxus, er will das high life in der City. Mit dieser Entscheidung gibt er zu, dass ihm nicht nur etwas fehlt, sondern überhaupt alles, nämlich die Liebe. Ihm fehlt die Liebe zu Gott, denn er ist nicht bereit, Jesus zu folgen. Und ihm fehlt die Liebe zum Nächsten, denn er ist nicht bereit, den Armen zu helfen. Und weil er dazu nicht bereit ist, ist ihm überhaupt nicht zu helfen. Jesus entlarvt diesen netten, anständigen jungen Mann als reinen Egoisten und Götzendiener. Der hatte alle Gebote gehalten! Der hatte in Religion eine Eins! Der ist Humanist, wie er im Buche steht. Aber im Buch der Bücher, in der Bibel, da steht nicht: Du kommst in den Himmel, wenn du Humanist bist, sondern dort steht: Du kommst in den Himmel, wenn du Christ bist! »Folge mir nach« – das ist der Schlüssel ins Reich Gottes! Diesem jungen Mann war ein Leben mit Geld lieber als ein Leben mit Gott. Martin Luther King hat einmal von ihm gesagt: »Die Erfüllung seiner Wünsche wurde zur Falle für seine Seele. Der Besitz dieses Mannes besaß ihn so, dass er seine eigene Seele nie besaß.«

Das Abschleppseil im Nadelöhr

Als er fort ist, sagt Jesus zu seinen Jüngern (Vers 23): *»Eins ist sicher: Ein Reicher hat es schwer, zu Gott zu kommen.«* Ein Reicher hat es schwer – dieser Satz ist so richtig typisch für Jesus. Ich hab so was noch nie von irgendjemand anders so gehört oder gelesen. Im Gegenteil, alle Welt ist der entgegengesetzten Meinung. Alle Leute, ich eingeschlossen, denken doch üblicherweise: Ein Reicher hat's leicht! Also wenn ich sehe, was sich manche Leute an Klamotten, Reisen, Autos usw. leisten können, da sage ich mir doch: Wenn ich soviel Schrot hätte wie die, hätte ich es auch leichter.

Jesus bestreitet nicht, dass vieles im Leben leichter ist, wenn man Geld hat. Er verurteilt den Reichtum nicht. Aber er behauptet: Um zu Gott zu kommen, ist Geld nicht nützlich, sondern schädlich. Es ist einer der schwersten Hinderungsgründe, um Christ zu werden. Als wir noch unter dem Kommunismus lebten, war das Christsein schon schwer genug, aber das ging ja noch. Jetzt, seit wir unter dem Mammon leben, ist es noch viel schwerer geworden. Jesus sagt (Vers 24): *»Eher lässt sich ein dickes Abschleppseil in ein Nadelöhr einfädeln, als dass ein Reicher ins Reich Gottes kommt.«* Mit anderen Worten: Praktisch geht's überhaupt nicht. Und deswegen sagt Jesus hier zum Abschluss, als seine Jünger entsetzt fragen (Vers 25): *»Wer kann dann überhaupt gerettet werden?« »Für Menschen ist es unmöglich, aber bei Gott ist alles möglich.«*

Was nichts kostet, taugt auch nichts

Ihr seid keine reichen Millionäre, jedenfalls ist mir bei der Kollekte nichts Verdächtiges in dieser Hinsicht aufgefallen, aber das heißt nicht, dass euch die ganze Sache nichts anginge. Ob du dein Herz an hundert oder an hunderttausend

Euro hängst, ob du reich bist oder reich werden willst, ob du einen Menschen, eine Sache, eine Beziehung, deinen Beruf, deine Ehre mehr liebst als Gott, das spielt im Prinzip keine Rolle. Denn es bedeutet in jedem Fall, dass du das 1. Gebot nicht hältst: *»Ich bin der Herr, dein Gott, du sollst keine anderen Götter haben neben mir.«* Es geht also nicht um die Frage, ob du reich bist und wieviel Geld du hast, sondern ob du Vertrauen zu Gott hast. Du kannst doch materiell so reich sein wie du willst, und wenn du alles hast – ohne Jesus hat das alles keinen Sinn. Deswegen hat Jesus gesagt: *»Was nützt es dem Menschen, wenn er die ganze Welt gewinnt, und nimmt doch Schaden an seiner Seele?«*

Wenn Jesus von dem jungen Mann verlangt, er soll seinen ganzen Besitz verkaufen, heißt das nicht, dass er von dir dasselbe verlangt. Bei Jesus werden die Menschen nicht alle über einen Kamm geschoren. Von der stinkreichen Lydia wurde nicht verlangt, dass sie ihre Konten auflöst, sondern deren Reichtum hat Jesus benutzt, um die erste Gemeinde in Europa zu bauen. Und von dir wird nicht verlangt, dass du deine sämtlichen Klamotten im Second-hand-Laden verhökerst und ab morgen nackig in deiner leeren Bude sitzt. Aber was Jesus von dir verlangt, ist: »Komm und folge mir nach!« Das gilt für alle, Arme und Reiche, damals und heute. Wovon du dich trennen musst, wenn du mit Jesus gehst, ist bei dir vielleicht ganz was anderes. Nicht nur deine Geldgier, sondern deine Geltungssucht, deine Bequemlichkeit, deine Familie, deine Clique, was weiß ich. Bei dem jungen Mann war's jedenfalls das Geld. Und als dem das nicht passt, fängt Jesus nicht an, mit ihm zu handeln. Als der sich rumdreht und geht, ruft Jesus ihm nicht hinterher: »Moment mal, junger Mann, ich bitte um Verzeihung, ich hab da eben bisschen übertrieben und zu scharf gepredigt, das war zu hart. Also sagen wir mal: die Hälfte. Oder ein Drittel, damit wäre ich auch einverstanden.«

Nein, so hat Jesus nie gefeilscht. Er verlangt 100 Prozent, da ist er weder mit 99 noch mit 80 zufrieden. Denke doch nicht, dass Jesus jemals die Preise senkt. Bei dem gibt's keinen Schlussverkauf mit Minipreis. Er stellt eine radikale Forderung, und wer darauf nicht eingeht, den lässt er gehen. Da ist Jesus knallhart. Für solche Menschen hat Jesus keine Verwendung und keinen Trost.

Zubetoniert und zugeschnürt

Der junge Mann, so heißt es hier (Vers 22), *»ging traurig weg.«* Und Jesus hat für ihn kein einziges Trostwort. Jesus hat so viele Menschen getröstet. Einem Vater, dem sein Kind gestorben war, sagte er: *»Glaube nur«* – und der Mann bekam wieder Mut. Einer Frau, die ihr Leben bereute, sagte er: *»Deine Sünden sind dir vergeben«* – und sie konnte neu anfangen. Einen Verbrecher, der neben ihm am Kreuz hing, hat er noch in der Todesstunde getröstet: *»Heute noch wirst du mit mir im Paradies sein.«* Und wenn wir jetzt eine Gesprächsrunde hier hätten, könnten viele von euch aufstehen und erzählen, wie Jesus euch getröstet hat.

Hier ist ein Mensch, für den Jesus keinen Trost hat. Obwohl er ihn lieb hatte. Er wollte ihn ja beschenken. Er wollte ihm das ewige Leben schenken. Er hatte ihn aufgefordert, ihm zu folgen. Das ist ja die einzige Möglichkeit, das ewige Leben zu bekommen. Aber der junge Mann hatte abgelehnt. Damit ist das Gespräch zu Ende. Es fällt kein Wort mehr.

Als der junge Mann geht, hat er die ganze Antwort auf seine Eingangsfrage: »Wie bekomme ich das ewige Leben?«, und zwar die Antwort von Jesus: »Folge mir nach.« Aber diese Antwort akzeptiert er nicht.

Langsam geht der junge Mann weg. Er ahnt, dass er die große Chance seines Lebens vertan hat, und deshalb ist er traurig. Jesus sieht ihm nach, wie er mit hängenden Schultern davongeht. Er sieht ihm seine Traurigkeit von hinten an. Aber er kann ihm jetzt nicht mehr helfen. Für Menschen, die Jesus ablehnen, gibt es keine Hilfe und keinen Trost.

Bei Jesus ist alles drin

Nach einem Predigtabend kam einmal eine Jugendliche zu mir. Sie hatte alles begriffen. Sie hatte den Ruf von Jesus gehört. Sie wollte Jesus nachfolgen. Aber sie hatte einen Freund, und der war kein Christ. Und nun sagte sie zu mir: »Ich habe jetzt erkannt, dass ich mit Jesus leben will. Aber da muss ich mich von diesem Jungen trennen.« Das war ihr Problem und ihre Formulierung. Und nun stand sie vor der Entscheidung: Jesus oder der Junge. Und sie entschied sich für den Jungen. Als sie mit hängenden Schultern den Mittelgang der Kirche lang ging, konnte ich ihr von hinten ansehen, wie unglücklich sie war. Aber ich konnte ihr nicht mehr helfen. Und wenn einer unter euch sein sollte, der Jesus ablehnt, dem kann ich auch nicht helfen.

Und ich meine damit nicht nur Nichtchristen, die nicht mit Jesus leben möchten, sondern auch Christen, die zwar mit Jesus leben, aber ständig fragen: »Was fehlt mir noch?« Es gibt welche, die geben sich Mühe, die Gebote zu halten. Die gehen zum Gottesdienst. Die geben den zehnten Teil ihres Verdienstes für Gott. Aber das alles genügt denen nicht. Die brauchen noch eine besondere Taufe, eine besondere Wassermenge, die brauchen noch ein besonderes religiöses Erlebnis, ein besonderes Gefühl, die sehnen sich nach einer Religion für Fortgeschrittene. Aber die gibt es nicht.

Wenn du mit Jesus nicht zufrieden bist, gibt es für dich keine weiteren Möglichkeiten. Mehr als Jesus gibt es nicht. Jesus genügt. Für den reichen jungen Mann gab es auch keine andere

Frage als: Jesus oder nicht Jesus. Er entschied sich nicht für Jesus. Wofür entscheidest du dich?
In der Bibel steht: *»Ich habe euch Leben und Tod, Segen und Fluch vorgelegt, damit du das Leben wählst.«* Wir sind hier in etwa 10 Minuten fertig. Dann kannst du da hinten aus der Türe, durch die du heute hier reingekommen bist, genauso wieder rausgehen. Mit der gleichen Wut, mit der gleichen Schuld, mit der gleichen Angst, mit der gleichen Hoffnungslosigkeit. Kein Mensch, kein Mitarbeiter, kein Engel und kein Jesus wird dich daran hindern. Du kannst aber durch die gleiche Tür rausgehen ohne deine Wut, ohne deine Schuld, ohne deine Angst und mit einer neuen Hoffnung – wenn du Jesus als deinen Herrn annimmst. Mensch, Jesus möchte nicht, dass du traurig durchs Leben schlurfst und hier mit hängenden Schultern abziehst. Er möchte, dass du aufrecht und froh deinen Weg gehen kannst.

Gott nimmt dich auf der Stelle

Matthäus 20,1ff

Ein Gespenst geht um in Europa, das heißt Arbeitslosigkeit. Alle, die ihm begegnen, wollen nur eins: leben. Sie wollen Arbeit haben, damit sie Geld haben, damit sie was zum Leben haben.
Stellt euch vor: Arbeitsamt, früh um sechs. Lange Schlange, lange Gesichter, Langeweile, miese Stimmung. Noch bevor das Arbeitsamt öffnet, fährt auf dem Hof ein fetter Mercedes vor, ein Boss steigt aus und sagt: »Alle, die einen Job suchen, können bei mir anfangen.« Sofort stürzen sich die Massen zum Mercedes, kurzes Hin und Her – wie ist die Arbeit, wie ist die Bezahlung – 40 Euro pro Tag, o.k., und ab geht's in die Produktion.
Ein paar Stunden später braust der Boss wieder beim Arbeitsamt vor, wieder sind ein paar Arbeitslose da, wieder die gleiche Lohnvereinbarung, wieder sind ein paar Menschen glücklich, dass sie Arbeit gefunden haben.
Der Boss taucht dann noch mal mittags um zwölf und nachmittags um drei auf, jedesmal findet er ein paar Arbeiter, die er einstellt.
Zum letzten Mal dreht er um fünf seine Runde und entdeckt auch da noch welche, die untätig rumstehen und unentwegt Zigaretten drehn. Er fragt: »Wieso habt ihr heute nicht gearbeitet?» Antwort: »Uns wollte keiner haben.«

Margarethe, gib mir die Knete

Wer weiß, bei wie vielen Betrieben die vorgesprochen hatten, die waren vielleicht den ganzen Tag von einem Personalbüro zum anderen gerannt und überall zu spät gekommen. Vielleicht waren sie auch schon dafür bekannt, dass sie mit ihrem sozialistischen Tempo nicht gerade die Fleißigsten waren, und hatten deswegen keinen Job erwischt. Wie dem auch sei, der Tag war so gut wie rum, und sie hatten keinen Euro gemacht. Und da sagt der Boss zu ihnen: »Wenn ihr wollt, könnt ihr bei mir mitmachen.«

Die denken, der spinnt: »In einer Stunde ist Feierabend, das lohnt sich doch gar nicht mehr. Vielleicht hat der ‘ne Meise, Hauptsache, wir kriegen die Mäuse. Wenn der Boss viel Geld zu vertun hat – packen wir's an.«

Also, auch die ab in die Produktion. Kaum haben die ein Stündchen mitgemacht, brüllt der Vorarbeiter: »Sense, Feierabend!«, und es beginnt der angenehmere Teil des Abends: Man versammelt sich vor der Kasse, um den Lohn zu holen. Der Boss hat inzwischen seinem Verwalter die Anweisung gegeben, das Geld auszuzahlen. Aber auch da hat er wieder einen seltsamen Einfall. Er ordnet nämlich an: »Fang mit der Auszahlung bei denen an, die ich zuletzt eingestellt habe, und hör bei denen auf, mit denen ich angefangen habe.« Scheint nicht ganz rund zu laufen, der Mann, aber Hauptsache, der Kies stimmt. Es drängeln sich also sofort die, die zuletzt gekommen sind und die am wenigsten gearbeitet haben, nach vorn an die Rampe, strecken ihre Flossen aus und kassieren die begehrten Mäuse.

Bis dahin hatten die anderen ja noch ihre Klappe gehalten. Jetzt geht ein Gemurmel durch die Menge, und man blickt etwas finster, als die Letzten als die Ersten ausgezahlt werden, aber was dann kommt, ist nun wirklich das Letzte. Es stellt sich nämlich heraus, dass die Letzten genauso viel kriegen wie die Ersten, also einen vollen Tageslohn, also 40 Euro.

Als die anderen Arbeiter das mitkriegen, finden sie das natürlich ungerecht. Und sie sagen sich: Wenn er denen für eine Stunde den vollen Tagessatz gibt, dann müssen wir für 8 Stunden auf alle Fälle mehr kriegen, auf alle Fälle mehr als 40 Euro. Aber auch sie kriegen nicht mehr als die vereinbarten 40 Euros, und da bricht die Revolution aus. Es gibt ein Riesengemecker: »Was fällt denn dem ein? Der Boss ist wohl verrückt? Der muss vors Arbeitsgericht. Wo bleibt die soziale Gerechtigkeit? Und überhaupt – gibt's hier keine Gewerkschaft? Wir haben den ganzen Tag in der schweinischen Hitze geknechtet, die achtfache Leistung erbracht wie die Schlümpfe, die hier kurz vor Feierabend reingeschlüpft sind; die haben in der Abendkühle ein Stündchen mitgemischt, und jetzt sahnen die den vollen Lohn ab. Das darf doch nicht wahr sein!«

Sterntalerkind und der Manteltarif

Das werdet ihr inzwischen auch denken, und ihr werdet euch fragen, wozu ich euch solche ausgefallenen Geschichten erzähle. Denn wenn es in Wirklichkeit so etwas gäbe, gäbe es ja ein wirtschaftliches Chaos. Kein Betriebsdirektor könnte sich solche Graupen erlauben. Keine Wirtschaft würde sowas aushalten, keine Arbeitnehmerschaft sich sowas bieten lassen, einfach weil es ungerecht ist. Gleicher Lohn für gleiche Arbeit – der Grundsatz ist absolut in Ordnung. Und wer den antastet, bringt die Welt in Unordnung. Gleicher Lohn für gleiche Arbeit – wer da nicht mitmacht, ist ungerecht.

So ungerecht ist Gott. Bei Gott geht es so verrückt zu wie in unserer verrückten Geschichte, in der alle unsere Maßstäbe ausgehebelt – eben ver-rückt sind.

Jetzt muss ich erst mal sagen, dass nicht ich mir diese Geschichte ausgedacht habe, sondern Jesus. Könnt ihr nachlesen in der Bibel, Matthäus 20. Dort geht die Geschichte los mit den Worten: *»Das Reich Gottes ist so wie ein Hausvater, der früh am Morgen losging, um Arbeiter zu suchen für seinen Weinberg.«* Es geht hier also um das Reich Gottes, und das Erste, was der Mann

in dieser Geschichte macht, ist, mit seinen Arbeitern über den Lohn zu reden. Also reden wir erst mal über den Lohn, also über die Frage: Lohnt es sich, bei Gott mitzumachen?
Ich finde erst mal gut, dass in der Bibel ganz offen über diese Frage geredet wird. Unmittelbar vor unserer Geschichte haben die Jünger an Jesus genau die gleiche Frage gestellt: *»Wir haben alles aufgegeben und sind mit dir gegangen. Was bekommen wir dafür?«* Die Frage ist berechtigt, und auch du hast das Recht, diese Frage zu stellen: »Was hab' ich davon, wenn ich Christ werde?« Wir Menschen sind nun mal so, dass wir nichts für lau machen. Wir wollen wissen, was dabei rausspringt, sonst springen wir gar nicht erst an.

Rechne mit dem Wirt

Ich kenne kein Buch, keine Religion, keine Philosophie, die so nüchtern vom Menschen redet wie die Bibel. Realistisch, wie die Bibel ist, antwortet sie auf die nüchterne Frage: Bringt's was? mit einem klaren Ja. Ja, es lohnt sich. Du kriegst einen Lohn, eine Belohnung. Zum Glück ist Jesus nicht so übergeistlich wie manche Leute in der Kirche, die angeblich um Gottes willen alles umsonst machen wollen. Gott will das nicht! Im Gegenteil, er will ja gerade einen Lohn geben. Gott ist kein Ausbeuter, sondern ein Vater, der seine Kinder kennt und ihnen eine Belohnung gönnt.
Der Mann in unserer Gleichnisgeschichte hätte keinen einzigen Arbeiter bekommen, wenn er nicht von vornherein als Erstes von sich aus einen festen Lohn versprochen hätte. Und ich sehe überhaupt keinen Grund, warum du Christ werden solltest, wenn's dir nichts bringt. Und wenn ich dir heute die Einladung Gottes zur Mitarbeit in seinem Reich bringe, stehe ich nicht mit leeren Händen da. Gott hat mich als seinen Verwalter eingesetzt und mich ermächtigt, dir deine erste Rate

gleich mal auszuzahlen. Gott möchte dich für sein Reich gewinnen. Er möchte, dass du dich bekehrst und sein Mitarbeiter wirst. Und wenn du fragst: »Was krieg' ich, wenn ich in die Firma eintrete?« Dann kann ich dir sagen: »Die Belohnung ist das ewige Leben.«

Ist das etwa nichts? Ist dir schon mal einer begegnet, der dir so was angeboten hat? Ist dir klar, dass das ein einzigartiges Angebot ist? Das ewige Leben geht nicht erst los, wenn dein Leben zu Ende ist, sondern das geht los in dem Moment, wo du bei Jesus anfängst. Dann bekommt dein Leben eine neue Qualität, die nicht mal der Tod zerstören kann. Und dann kannst du, das gehört allerdings auch dazu, nach deinem Tod deine Ewigkeit bei Gott zubringen.

Die Ewigkeit liegt sowieso vor dir. Die Frage ist nur, wo und mit wem du sie verbringst: Mit Jesus im Himmel oder ohne Jesus in der Hölle. Das ist die Frage, die du in deinem Leben klären musst, und die Bibel sagt ganz klar: »Der Lohn der Sünde ist der Tod, der Lohn Gottes ist das ewige Leben.«

Bei Jesus gibt es jetzt erst Recht

Es geht also bei Gott im Himmel genauso wie beim Job auf der Erde um Lohn. Du musst aber, um zu kassieren, nicht erst warten, bis du im Himmel bist. Die Auszahlung geht auf der Erde schon los. Einen Teil zahlt Jesus jetzt schon aus. Jesus ist kein Geizhals. Der lässt dich nicht bis zur Ewigkeit warten, und der lässt dich nicht für umsonst arbeiten. Was du in diesem Leben für ihn einsetzt, kriegst du in diesem Leben vielfältig zurück, das hat Jesus versprochen.

Als die Jünger sagten: »Wir haben alles aufgegeben und sind mit dir gegangen – was kriegen wir dafür?«, hat Jesus geantwortet (Markus 10,29ff): *»Das sollt ihr wissen: Jeder, der sein Haus, seine Geschwister, seine Eltern, seine Kinder oder seinen Besitz aufgibt,* *um mir zu folgen und das Evangelium weiterzusagen, der wird schon hier alles hundertfach zurückerhalten: ein Zuhause, Brüder und Schwestern, Eltern, Kinder und alles, was er zum Leben braucht. All dies wird ihm – wenn auch mitten unter Verfolgungen – hier auf der Erde gehören und außerdem in der zukünftigen Welt das ewige Leben.«*

Das kann ich aus meinem Leben voll bestätigen, mir hat Jesus alles gegeben, was ich zum Leben brauche.

Bei den Kommunisten bin ich erst durchs Abitur geflogen, dann aus der Uni, aber die konnten mit mir anstellen, was sie wollten – Jesus hat mich trotzdem bei sich angestellt, und ich hab' alles, was ich brauche, weil er mich nicht aufs Jenseits vertröstet, sondern mich im Leben hier unterstützt.

Aber der Hauptanteil des Lohns, den Jesus jetzt schon auszahlt, sind gar nicht die Menschen und materielle Werte, sondern die Vergebung der Sünden. Und daran wird besonders deutlich, dass der Lohn, von dem Jesus redet, immer Gnadenlohn ist. Vergebung kannst du nicht verlangen. Du kannst sie erlangen, wenn du sie dir schenken lässt. Und »wo Vergebung der Sünden ist«, sagt Luther, »da ist Leben und Seligkeit.«

Wenn der Lohn ewiges Leben ist, ist klar, dass der Lohn für alle gleich ist. Denn ein ewiges Leben, das in unterschiedliche Portionen aufgeteilt wird, wäre ja nicht mehr ewig. Bei Gott gibt's gleichen Lohn für alle, unabhängig von der Leistung des einzelnen. Das ist zwar nach unseren Begriffen ungerecht, aber Jesus erzählt uns seine Geschichte, damit wir begreifen, dass Gott anders rechnet als wir.

Die Ode vom kleinen Brötchen

In unserer Gleichnisgeschichte maulen die, die schon lange dabei sind, über die, die im letzten Moment kommen. Die dürften ihrer Meinung nach nicht das gleiche kriegen wie sie. Also ungefähr so wie heute, wo sich eine Menge Bundis echt darüber aufregen, dass wir, die armen Brüder und Schwestern aus dem Osten, nach 40 Jahren Gammelei von einem Tag zum anderen an den Segnungen der Westmark teilhaben dürfen. Einer hat mir empört aus dem Westen geschrieben: »Wir haben uns das alles auch erst schwer erarbeiten müssen.« Als ob nicht auch wir schwer gearbeitet hätten. Der Unterschied war bloß der, dass die Bundis die Früchte ihrer Arbeit selber genießen konnten, während uns die Kommunisten die Früchte unserer Arbeit weggenommen haben.

Jetzt jedenfalls kriegen wir Westgeld, und obwohl es die Wessis keinen Pfennig persönliches Opfer kostet, sind manche empört, dass wir Spätheimkehrer in die BRD ihnen gleichgestellt werden. Die haben noch gar nicht geschnallt, dass es nicht ihr eigenes Verdienst, sondern die reine Gnade Gottes war, dass sie schon seit 40 Jahren in Freiheit arbeiten konnten. Und umgekehrt gibt es DDR-Bürger, die tun so, als hätten sie ein Recht auf die Segnungen der D-Mark. Die stellen Forderungen und merken gar nicht, wie unverschämt das ist. Ich bin kein Fan von Kohl, aber ich finde, wir müssen dem die Füße küssen, dass er uns nimmt. Wer sind wir denn? Wir sind nicht nur pleite, wir sind millionenfach verschuldet und außerdem schädlich, wir sind die größten Umweltschädlinge Europas. Wir müssen froh sein, dass uns noch einer nimmt. Wo gibt's denn so was, dass so was wie unsereins noch Forderungen stellen kann? Wir haben dazu überhaupt kein Recht: nicht gegenüber der Bundesrepublik und gleich gar nicht gegenüber Gott.

Die Bundesrepublik ist für mich nicht der Himmel auf Erden, aber ich finde es herrlich, dass der Westen uns abgewirtschaftete Ossis nimmt und wir die D-Mark kriegen, und ich bin dankbar dafür. Ich finde es herrlich, dass Gott uns abgefeimte Sünder nimmt und wir das ewige Leben kriegen, und ich bin dankbar dafür. Und ich sehe ein, dass ich auch eine Leistung erbringen muss. Nicht, um mir das Reich Gottes zu verdienen, sondern weil Zugehörigkeit zum Reich Gottes dienen bedeutet.

Am Besen werd' ich dich erkennen

Im Reich Gottes, das sagt ja unsere Geschichte eindeutig, wird gearbeitet, und zwar schwer. Das sollten sich alle die christlichen Schlaffies hinter die Schlappohren schreiben, die das Leben mit Gott mit dem Schlaraffenland verwechseln. Ich schäme mich, am Ende jedes Jugendgottesdienstes darum bitten zu müssen, dass hier ein paar von euch die Kirche, in der wir zu Gast sind, mit saubermachen. Wenn ich zur Bekehrung auffordere, meldet sich keiner, weil angeblich alle bekehrt sind. Aber wenn ich zum Kehren auffordere, meldet sich auch keiner, womit bewiesen ist, dass nicht alle bekehrt sind. Denn wären genug Bekehrte hier, hätten wir hier genug zum Kehren. Und ich kann es immer weniger ertragen, wenn ich höre, wie manche Christen heute nach Geistesgaben streben, wobei es fast immer ums Zungenreden geht. Aber ich habe noch keinen kennengelernt, der die Gabe des Helfens haben möchte. Ich habe nichts gegen das Zungenreden und nichts gegen das Streben, immer strebt nur, aber fragt bitte mal vorher bei Gott an, welche Gabe er für diese Zeit für wichtig hält.
In unseren Krankenhäusern herrschen unbeschreibliche Zustände wegen Personalmangels, aber da streben die jungen Christen nicht hin. Vergesst bitte nicht, dass Gott von euch Leistungen erwartet.
Die Arbeiter im Gleichnis sind eben Arbeiter, und sie werden nicht in die Produktion gerufen, um zu kassieren, sondern um zu produzieren. Gott hat dich nicht in sein Reich berufen, damit du deine kostbare Zeit und Kraft mit irgendwelchem Gerede vertust, sondern damit du etwas für andere tust. Aber du kannst aufgrund deiner Leistung keinen Lohn fordern. Und

du kannst gleich gar nicht gegen Gott meckern, wenn andere dasselbe kriegen wie du.
Zu einem der Meckerer sagt in unserer Gleichnisgeschichte der Big Boss: *»Mein Freund, dir geschieht doch kein Unrecht! Haben wir uns nicht auf diesen Betrag geeinigt? Nimm dein Geld und geh! Ich will den anderen genausoviel zahlen wie dir. Schließlich darf ich doch mit meinem Geld machen, was ich will. Oder ärgerst du dich, weil ich großzügig bin?«*

Gott hat nur deine Hände

Ich weiß nicht, ob unter euch solche unchristlichen Neidhammel sind, ich weiß aber, dass unter euch welche sind, die keine Christen sind. Euch möchte ich für Gott gewinnen. Euch möchte ich sagen, dass ihr auf der Stelle bei Gott anfangen könnt. Euch möchte ich klarmachen, dass ihr heute die Chance habt, ein neues Leben zu kriegen.
Vielleicht ist es dir bisher so gegangen wie denen, die den ganzen Tag Pech hatten und am späten Nachmittag auf dem Markt rumstanden. Auf der Suche nach dem Sinn des Lebens, nach einem lohnenden Leben, hast du vielleicht alles Mögliche ausprobiert, aber nichts hat so richtig geklappt. Die Idee des Sozialismus hat dich begeistert, aber jetzt siehst du, dass sie dich betrogen haben. Du hast das schnelle Geld bei der Stasi gemacht, aber jetzt brennt dir dieses Geld in den Händen. Du hast gesucht in den Konzerten und den Discos, in Büchern und Philosophien, in Schnapsgläsern und fremden Betten, aber deine Sehnsucht blieb unbefriedigt. Vielleicht warst du mal auf dem religiösen Trip, hast einem Guru vertraut oder den Zeugen Jehovas, hast aber nirgends gefunden, was du suchtest.
Und jetzt stehst du vor einem Trümmerhaufen und weißt nicht, was du noch mit deinem Leben anfangen könntest.

Komm, fang an bei Jesus, egal, was du hinter dir hast an missglückten Versuchen, Pleiten und Sünden. Vor dir hast du ein neues Leben! Komm zu Jesus, und du hast das ewige Leben. Und die erste Rate der Lohnauszahlung bekommst du auf der Stelle: die Vergebung deiner Sünden.
Vielleicht geht es dir wie den Männern in der Geschichte, die resigniert rumhängen und sagen: »Uns wollte keiner haben.« Bei der Mun-Sekte musst du Geld haben, bei den Anthroposophen musst du Bildung haben, beim New Age musst du Geld, Bildung und Zeit haben. Und wenn du das alles nicht drauf hast, dann heißt es eben: »Bedaure, Sie sind für uns nicht der richtige Mann.«
Falls du zu den armen Schweinen gehörst, die keiner haben will: Einer will dich haben. Gott will dich. Er nimmt dich auf der Stelle.
«Uns wollte keiner haben.« Das ist vielleicht die traurigste Feststellung, die ein Mensch treffen kann. Und das Traurigste ist, dass Millionen Menschen heute feststellen müssen: »Mich will keiner.« Zum Beispiel die, bei denen es mit der Abtreibung nicht geklappt hat; die von den eigenen Eltern nicht gewollt und nicht geliebt werden. Wenn du so einer bist, bist du hier richtig. Denn ich habe dir von Gott einen Gruß auszurichten und zu bestellen: Gott will dich.
Gott liebt dich. Gott braucht dich.

Verrückt vor Liebe

Matthäus 22,1–14

Die Juden erzählen sich folgende Geschichte: Ein Jude lädt einen anderen zur Hochzeit ein und sagt: »Weißt du eigentlich, wo ich wohne? Nein? Dann pass auf: Ich wohne in der Webergasse 11, da gehst du in den Hof und im Hinterhaus die Treppe rauf bis zum zweiten Stock. Dann gehst du den Gang bis ganz hinten, und dahinten, auf der rechten Seite, die vorletzte Tür – da wohne ich. Da klopfst du dann kräftig mit dem Fuß an die Türe.«

»Wieso mit dem Fuß?« »Na, du wirst doch wohl nicht mit leeren Händen kommen!«

Jesus hat auch mal so eine Geschichte erzählt. Da lädt auch ein Mann, ein König, zur Hochzeit seines Sohnes ein, aber da ist die Pointe der Geschichte genau umgedreht. Die Gäste sollen mit leeren Händen kommen. Das klingt schon ziemlich unwahrscheinlich, überhaupt ist die ganze Geschichte, die Jesus erzählt, absolut unwahrscheinlich.

Da war also einmal ein König, der seinem Sohn die Hochzeit ausrichtete, und *»er sandte seine Knechte aus, dass sie die Gäste zur Hochzeit riefen; und sie wollten nicht kommen. Da sandte er andere Knechte aus und sprach: Sagt den Gästen: Siehe, meine Mahlzeit habe ich bereitet, meine Ochsen und mein Mastvieh ist geschlachtet und alles ist bereit; kommt zur Hochzeit! Aber sie verachteten das und gingen hin, einer auf seinen Acker, der andere in seinen Laden, etliche aber griffen seine Knechte, höhnten und töteten sie.«*

Zum großen Fest geladen

Also, wenn du von der Polizei vorgeladen wirst, bist du vermutlich nicht besonders begeistert. Aber eine Hochzeit – das

ist ja nun was anderes. Außerdem ist eine Einladung keine Vorladung, und überhaupt: Eine Hochzeit, zumal bei einem Prominenten, die lässt man sich doch nicht entgehen, da geht man doch hin, schon wegen der Fresserei, na, ist doch klar. Da würde doch jeder hinrennen!
Und eben deshalb ist es so unwahrscheinlich, dass die Leute in unserer Geschichte nicht wollen. Es ist unwahrscheinlich, dass der König sich das gefallen lässt und ein zweites Mal einlädt. Es ist unwahrscheinlich, dass die Leute so unhöflich sind, auf eine höfliche Einladung so eiskalt zu reagieren. Und es ist unwahrscheinlich, dass sie sich über die Boten, die die Einladung überbringen, lustig machen und sie sogar umbringen.
An dieser Stelle reagiert der König mal so, wie wir alle reagieren würden (Vers 7): *»Da wurde der König zornig und schickte seine Heere aus und brachte diese Mörder um.«*

Wildfremdes Gesocks bei der Familienfeier

Dass der König hier mal zulangt, finden wir ganz normal. Aber alles, was dann kommt, ist wieder ganz unwahrscheinlich. Er schickt nämlich neue Boten aus mit dem Befehl: *»Geht hin auf die Straßen und ladet zur Hochzeit, wen ihr findet!«*
Na, wie find ich denn so was? Man ist ja von prominenten Leuten allerhand Verrücktheiten gewöhnt – im Sekt baden oder im Smoking in den Swimmingpool hopsen –, aber dass sich einer wildfremdes Gesocks zur Familienfeier einlädt, das dürfte ziemlich unwahrscheinlich sein. Da weiß man ja überhaupt nicht, ob die sich wenigstens benehmen können, vielleicht rülpsen die nach dem Essen, oder es fehlen hinterher ein paar Silberlöffel. Also irgendwelche x-beliebigen Nasen von den Straßen einladen – so was gibt's überhaupt nicht!
Doch, sagt Jesus, so was gibt's. Diese Geschichte passiert täglich tausendfach. Es ist einfach eine Geschichte aus dem All-

tag Gottes. Jesus hat nämlich seine Geschichte angefangen mit dem Satz: *»Das Reich Gottes ist wie ein König, der seinem Sohn Hochzeit machte.«* Jesus will damit sagen: Genauso unwahrscheinlich wie dieser König benimmt sich Gott gegenüber den Menschen. So großzügig, so geduldig, so verrückt ist Gott. Gott ist verrückt vor Liebe, vor Liebe nach uns Menschen. Der lädt uns alle zu sich ein, ausnahmslos, bedingungslos. Und genauso unwahrscheinlich, unverschämt und unmöglich wie die Leute in der Geschichte benehmen sich die Menschen Gott gegenüber. Was du dir sonst bei keinem rausnehmen würdest, das erlaubst du dir bei Gott ohne weiteres. Er hat dir seine Einladung ja bereits schriftlich zugehen lassen, er hat dir einen Brief geschickt, einen Liebesbrief, die Bibel nämlich. Da steht z.B. drin (Jeremia 31,3): *»Ich habe dich schon immer geliebt!«* Hast du das schon mal gelesen?

Keine Lust

Gott, der Schöpfer des Weltalls, schreibt dir einen Brief, und du hast keine Lust zu lesen. Gott, der Herr des Universums, lädt dich zu sich ein, und du hast keine Zeit zu kommen. Mensch, es ist doch nicht irgendeine Schwarte, die ich dir empfehle, es ist das WORT GOTTES! Es ist doch nicht irgendein Knilch, zu dem ich dich einlade, es ist Gott! Es ist doch nicht irgendeine Fete, zu der du kommen sollst, es ist das EWIGE LEBEN! Es ist doch eine Ehre für dich, von Gott eingeladen zu werden.
Bei einem gewöhnlichen Menschen kannst du in so einem Fall ja machen, was du willst. Aber eine königliche Einladung ist ein Befehl, dem man auf eigene Gefahr hin ungehorsam ist. Das solltest du bedenken, wenn du heute die Einladung wieder ausschlägst.

In der Geschichte, wie sie Jesus erzählt, ist es so, dass die Eingeladenen alle was anderes vorhaben. Der eine geht auf seinen Acker, der andere in seine Werkstatt. Es ist gar nicht gesagt, dass das der Schrebergarten oder der Hobbyraum war, sondern die hatten sicher echt zu tun. Arbeit muss sein. Hobby muss sein. Nichts dagegen zu sagen, sagt Gott auch nichts dagegen – aber wenn die Arbeit als Grund vorgeschoben wird, keine Zeit für Gott zu haben, dann ist was faul. Was die Leute davon abhält, zu Gott zu kommen, ist nicht die Faulheit, sondern die Arbeitswut. Sind meistens keine negativen Dinge, sondern gerade gute, hochanständige Dinge.

Uninteressiert und gleichgültig

In unserer Geschichte sind die, die die Einladung ablehnen, nicht die Faulpelze, Rumtreiber und Gammler, sondern die fleißigen Bürger, die vor lauter Arbeit und Anständigkeit einfach keine Zeit für was anderes haben. Es hat halt jeder genug mit sich selbst zu tun, und die wenigsten haben wirklich echt was gegen Gott. Ich kenne jedenfalls nur wenige, die grundsätzlich bewusst und aktiv gegen Gott sind. Die meisten, die ich kenne, sind einfach uninteressiert. Sind nicht prinzipiell dagegen, haben aber auch speziell nichts dafür übrig. So richtig kämpferische Atheisten findet man selten. Den meisten ist Gott ganz einfach schnuppe. Die nehmen ihn einfach nicht ernst. Die gehn einfach zur Tagesordnung über. Gott? Lass mich in Ruhe, kein Bedarf! Diese Gleichgültigkeit ist viel schlimmer als eine bewusste Feindschaft oder Ablehnung. Manchmal habe ich gedacht, diese Gleichgültigkeit wäre die große Gefahr unserer Zeit. Aber offenbar waren die Menschen zur Zeit Jesu auch schon so. Sonst hätte er nicht gesagt (Offenbarung 3,15): »*Ich weiß, dass ihr weder warm noch kalt seid. Wenn ihr wenigstens eines von beiden wärt! Aber ihr seid weder warm noch kalt; ihr seid lauwarm. Darum werde ich euch aus meinem Munde ausspucken.«*

Eine Willensfrage

Bei uns, in unserem Land, sind die Atheisten genau wie in unserer Geschichte, meistens ehrbare brave Bürger. Bürger, die nichts gegen Gott haben, aber auch nichts für ihn. Die haben einfach kein Interesse, keine Zeit, vielleicht später, jedenfalls im Moment nicht, sagen sie.

Und wenn du das auch sagst, dann muss ich dir sagen: Das ist einfach nicht wahr, mein Lieber, sondern die Wahrheit ist, dass du nicht willst. So steht es ja auch hier in Vers 3: *»Sie wollten nicht kommen.«* Wir verhandeln hier nicht die Frage, ob du zur Kirche kommst, sondern ob du zu Gott kommst, ob du an ihn glaubst, ob du dich zu ihm bekehrst. Ob du an Gott glaubst, das ist nicht eine Frage deines Intelligenzquotienten, sondern deines Willens. Die Behauptung: »Ich kann nicht an Gott glauben, weil – ich zu gebildet bin, zu aufgeklärt, zu modern, zu wissenschaftlich usw.«, diese Behauptung ist in jedem Falle falsch. Glauben können kann jeder, ob du willst, das ist die Frage!

Ich lade dich ein, im Auftrage Gottes, an ihn zu glauben und dich zu bekehren. Gott möchte dir eine Freude machen!

Wenn du die Einladung ablehnst – was hast du für Gründe vorzubringen? Ein Grund, den ich besonders oft zu hören kriege, heißt: »Die Gebote und Forderungen, die Gott stellt, sind mir zu hoch, zu anspruchsvoll, das schaffe ich nicht. Deswegen kann ich mich weder Christ nennen noch Christ werden.« Das ist ein absolutes Missverständnis! Zum Christwerden kannst du dich nicht qualifizieren. Christ wirst du nicht, weil du etwas für Gott tust, sondern weil Gott etwas für dich tut. Christ bist du doch nicht, weil du etwas aus dir machst, z.B. einen guten Menschen, sondern weil Gott etwas aus dir macht, nämlich ein Kind Gottes.

... wir konsumieren

Es wäre absolut blödsinnig, wenn ein Vater zu seinem Kind, das noch im Kinderwagen liegt, sagen würde: »Pass mal auf, ich geh jetzt auf Arbeit, ich erwarte von dir, dass du inzwischen den Aufwasch erledigst, den Müll runterbringst, – auf dem Küchentisch liegt ein Zettel, da steht drauf, was du im Supermarkt holen sollst, und mit der Hausordnung sind wir auch dran. Wenn du das alles ordentlich machst, dann bist du mein Kind, dann hab ich dich lieb!« So läuft das doch nicht. Sondern zunächst mal kann das Kind überhaupt nichts, was die Erwachsenen können. Aber eines kann es, besser als die Erwachsenen: Es kann Liebe konsumieren. Es saugt die Liebe der Eltern in sich auf wie ein Schwamm. Jedes Streicheln, jedes gute Wort, jeden Blick. Es empfängt die Liebe der Eltern ohne jede Gegenleistung. Es verdient sich die Liebe nicht, es empfängt sie – das ist alles. Deshalb lebt es, deshalb wächst es, deshalb kann es eines Tages sagen: »Ich bin ein Kind meines Vaters!«

Nehmen, was geboten wird

Für ein Kind, auch für ein Kind Gottes, gibt's keine Vorleistungen und keine Vorbedingungen, da gibt's nur eins: Annehmen, was geboten wird! Ich bitte dich: Nimm die Einladung in Gottes Reich an, sag einfach: »Ja, ich komme. Ja, ich will« Du musst nicht erst eine Aufnahmeprüfung machen. Gott fragt dich nicht nach deiner politischen Einstellung. Er will nicht wissen, was du darstellst, was du angestellt hast, wo

du angestellt bist. Es interessiert ihn noch nicht mal, ob du ein guter oder ein böser Mensch bist: *»... und die Knechte gingen aus auf die Straßen und brachten zusammen, wen sie fanden, Böse und Gute«* (Vers 10).
Gott interessiert nur eins: Dass du seine Einladung annimmst, dass du kommst. Warte nicht, bis du dich würdig genug fühlst. Warte nicht, bis du alles verstanden hast. Warte nicht, bis du mit allem einverstanden bist in der Kirche. Sondern komm gleich. Gott erwartet dich!
Nun gibt's aber Leute, die aus diesem Angebot Gottes ganz falsche Folgerungen ziehen. Statt von Gottes Gnade beschämt zu sein, werden sie unverschämt. Die stellen sich hin und sagen: »Das ist ja prächtig. Gott liebt also die Sünder. Ich bin ein Sünder. Ich darf als Sünder zu Gott kommen. Gott liebt mich wie ich bin. Also kann ich auch so bleiben wie ich bin. Demzufolge brauche ich mir auch gar keine Mühe geben, mit meiner Sünde Schluss zu machen. Ich kann also wieder fremd gehn, brauch nicht zur Kirche gehn, kann weitermachen wie bisher – der liebe Gott vergibt mir ja, dazu ist er ja schließlich da.« Für Leute, die so denken, erzählt Jesus seine Geschichte noch ein bisschen weiter.

Geschenkte Klamotten

Da erzählt er, wie alle, die von der Straße reingeschneit sind, Gute und Böse, an der Hochzeitstafel sitzen und futtern. Der König kommt rein, um seine Gäste zu begrüßen. Und da entdeckt er doch einen, der ist nicht vorschriftsmäßig angezogen. Der hat keinen neuen Hochzeitsfrack an, sondern seine alten Straßenklamotten. Vers 12: *»Und er sprach zu ihm: Mein Freund, wie bist du denn reingekommen? Du hast ja gar kein Festkleid an?«* Der gibt keine Antwort, und da schmeißt ihn der König raus. Das scheint ja nun alles wieder umzuschmeißen, was ich bisher gesagt habe. Erst hieß es: Jeder kann kommen wie er ist, gleich von der Straße weg. Und jetzt heißt es: Wer keinen Frack anhat, fliegt wieder raus. Ist das nicht ein Widerspruch? Wo soll denn der, wenn er von der Straße kommt, den Frack hernehmen?

Na, von dem König! Ihr müsst wissen, dass es damals folgende Sitte gab: Wenn ein Hochgestellter, z.B. ein König, Gäste einlud, da schenkte er ihnen ein Festkleid, das sie über ihre Klamotten, in denen sie gekommen waren, drüberziehen konnten. Das bekam man an der Türe gratis überreicht. Ungefähr so, wie wenn du heutzutage zu Leuten in ihren Neubau eingeladen wirst und da wird dann stillschweigend erwartet, dass du deine Schuhe ausziehst, und du bekommst an der Tür ein Paar Filzlatschen überreicht. Wenn du dich weigerst, die Filzer anzuziehen, und mit deinen Profilsohlen deinen Gastgebern den Teppich versaust, war das garantiert das letzte Mal, dass du bei denen zum Kaffee eingeladen warst. Gott verlangt von keinem von euch, dass ihr sauber ohne Sünde ankommt. Im Gegenteil: Wenn du Dreck am Stecken hast, wenn dein Leben beschmutzt ist durch Sünde, wenn du gelebt hast wie ein Schwein, dann bist du bei Gott herzlich willkommen!

Ein anderer Mensch werden

Also jetzt nochmal: Es stimmt, du kannst so zu Gott kommen, wie du bist. Aber du kannst nicht so bleiben, wie du bist. Wenn du Gottes Einladung annimmst, erwartet er von dir, dass du seine Vergebung annimmst. Komm mit deiner Sünde, aber lass sie dir vergeben, lass dir Gottes Vergebung geben – das ist mit dem neuen Kleid gemeint, das der König seinen Gästen schenkt.

Wenn du Gottes Einladung annimmst, erwartet er von dir die Bereitschaft, dich ändern zu lassen. Er will dir helfen, falsche

Lebensgewohnheiten abzulegen und ein anderer Mensch zu werden: Einer, der seinen Nächsten liebt, an einer besseren Welt mitarbeitet, sich wie ein Kind Gottes benimmt. Und wenn dir das nicht passt, wenn du stur so bleiben willst, wie du bist, wenn du dir kein neues Leben schenken lassen willst, wenn du dich nicht anständig benehmen willst – dann schmeißt Gott dich wieder raus. Auch wenn du getauft, bekehrt und Dauerteilnehmer auf Freizeiten bist.
Gott ist bereit, dir alles zu vergeben. Gott ist bereit, dir ein neues Leben zu geben. Gott ist bereit, dir die Kraft zu einem neuen Leben zu geben. Aber wenn du nicht bereit bist, das alles anzunehmen, dann treibst du mit der Liebe Gottes Schindluder. Die Liebe Gottes ist etwas anderes als der liebe Gott. Die Liebe Gottes ist wie Dynamit, eine Kraft, die Menschen verändert. Der liebe Gott ist eine harmlose Beruhigungspille, eine lahme Erfindung von den Leuten, die sich nicht ändern und nicht wie ein Kind Gottes leben wollen. Der Mann ohne Hochzeitskleid in unserer Geschichte ist das Urbild von denjenigen, die in der Illusion vom lieben Gott leben, das Urbild auch von Tausenden von Christen, die in die Kirche gehn und wieder weggehn – ohne Buße, ohne Vergebung, ohne Veränderung, ohne die Tat des Glaubens.
Solche Menschen, die sogar am Abendmahlstisch gesessen haben, werden im Jüngsten Gericht gefeuert. Vers 13: *»Da spricht der König zu seinen Dienern: Bindet ihm Hände und Füße und werft ihn in die Finsternis hinaus! Da wird Heulen und Zähneklappern sein.«*

Die Entscheidung steht an

So, ich habe dir jetzt Gottes Einladung in sein Reich überbracht, und du musst jetzt entscheiden, ob du die Einladung annimmst oder ablehnst. Wenn du ablehnst, dann setz dich bitte nachher hin, nimm ein Blatt Papier und schreibe: »An Gott, den König des Universums, ich habe heute, am Soundsovielten, deine eilige Einladung zur Hochzeit deines Sohnes Jesus erhalten. Ich lehne diese Einladung aus folgenden Gründen ab ...« Dann schreibst du deine Gründe hin und unterschreibst mit deinem vollen Namen und unterschreibst damit dein Todesurteil.

Und euch alle, die ihr die Einladung annehmen wollt, bitte ich: Sagt es Gott auf der Stelle! Ihr braucht es nicht schriftlich zu machen. Ihr braucht nicht zu warten, bis ihr zu Hause seid. Ihr braucht bloß jetzt in eurem Herzen zu sagen: Ja, ich nehme an. Ich komme.

Vier für einen

Markus 2,1–12

Ein Mann kommt von der Arbeit nach Hause. Ich sagte: Von der Arbeit. Für manche Berufszweige sollen ja jetzt durchsichtige Frühstücksdosen eingeführt werden, damit die mit einem Blick erkennen, ob sie von der Arbeit kommen oder auf die Arbeit gehen ... Unser Mann kommt also von der Arbeit, der hat nicht nur acht Stunden hinter sich, sondern der hat echt gearbeitet, dann noch eine Betriebsversammlung zum Thema: »Unsere Aufgabe bei der Verwirklichung der Hauptaufgabe: Senkung der Aufgaben und Aufgabe aller Nebenaufgaben zugunsten der Hauptaufgabe.« Dann noch ein kleines halbes Stündchen anstehen wegen 10 Flaschen Pils – und jetzt ist er fertig. Feierabend. Er kommt nach Hause, haut die Werkzeugtasche in die Ecke, sich selber in den Sessel, freut sich auf den Fernsehabend mit Pamela und äußert zu Helga – was seine Frau Gattin ist – wie folgt: »Heute Abend tu' ich keinen Schritt mehr!«

... muss noch mal weg

Kaum hat er das gesagt, rennt er auch schon ans Fenster und hängt seinen Kopf raus, um rauszukriegen, warum die halbe Stadt auf den Beinen ist und die Massen in Richtung Marktplatz zusammenströmen.
Als er's raus hat, hat er gerade noch Zeit, seiner Helga zuzurufen: »Helgamaus, stell mir's Bier und die Buletten kalt, ich muss noch mal weg« – und weg ist er.
Aber nicht wie die Massen in Richtung Marktplatz, sondern in die entgegengesetzte Richtung, zum Stadtrand. Erst klin-

gelt er bei einem Kumpel – »Komm mal mit, ich brauche dich!« – und die beiden gehen noch zu einem anderen Kumpel und noch zu einem. Jetzt sind sie vier, und die vier laufen in das Stadtviertel, wo die Bretterbuden und Elendshütten stehen, wo die Assis, die Armen und die Ausgestoßenen leben.
Und da liegt einer auf der Matte, bei dem läuft nichts mehr. Der kann schon lange nicht mehr laufen, der ist gelähmt. Und zu dem sagen seine Kumpels: »Du, Jesus ist wieder in der Stadt, soll'n wir dich dem mal vorstellen? Vielleicht kann der dich gesund machen?«
Der Kranke ist einverstanden, die vier packen seine Matratze und schleppen den Gelähmten davon.

Schleppen aus Liebe

Falls du mal bei einer Rot-Kreuz-Übung mitgemacht hast, weißt du vielleicht noch, wie schwer ein Mensch auf der Trage ist, da werden die Arme beim Tragen immer länger. Die haben den damals aber nicht bloß ein paar Meter zum nächsten Krankenwagen getragen, sondern durch die ganze Stadt. Das war eine ganz schöne Leistung, das kostete Kraft, Zeit und den Verzicht auf Feierabend, Abendbrot und Pamela. Aber aus Liebe zu ihrem kranken Kumpel war ihnen das alles egal. Hauptsache, der kam zu Jesus. Das Problem war bloß, zu dem hinzukommen. Vor dem Haus eine Traube Menschen, an sämtlichen Türen und Fenstern hingen die Massen, und niemand wollte die vier mit der Matratze durchlassen.
Aber Liebe macht erfinderisch. Die vier beschließen, den Kranken auf dem Luftweg zu befördern. Also: »Wir steigen Jesus aufs Dach«. Gesagt, getan. Und jetzt kommt es zu einer Gottesdienststörung, wie sie wohl noch kein Prediger erlebt hat.

Ich habe schon eine Menge Gottesdienststörungen erlebt: Betrunkene haben dazwischengebrüllt, ein Pfarrer hat eine Erklärung gegen mich verlesen, aber das Größte war, als mal bei einer Trauung eine Eule durch die Kirche flog. Das war unwahrscheinlich feierlich, wie die so zwischen den Säulen rumschwebte. Da war ich mit meiner Predigt natürlich total abgemeldet, weil alle fasziniert den Flug der Eule verfolgten. Aber das, was Jesus hier erlebt, das habe ich noch nie erlebt: dem decken sie das Dach ab.

Der Himmel steht offen

Ihr müsst wissen, in Israel sind die Dächer flach, zwischen den Balken Zweige und Lehm, also kein Problem, da ein Loch auszuheben. Und stellt euch vor: Jesus ist im Haus, im Wohnzimmer, und predigt. Sein Hauptthema war: »Das Reich Gottes.« Darüber hat er sicher damals in Kapernaum auch gepredigt.
Jesus breitet die Arme aus: »Ich sage euch: Das Reich Gottes ist nahe herbeigekommen«. Auf dem Dach: Raschel, Raschel.
Jesus hebt die Arme hoch: »Erhebt eure Augen, seht nach oben.« Ritze, Ratze.
Oben an der Zimmerdecke tut sich was, der Putz rieselt runter, eine Platte wird ausgehoben. Alle gucken interessiert nach oben. Jesus hat die Augen geschlossen und predigt weiter: »Der Himmel steht offen über euch!«
Rums, kommt die nächste Ladung Lehm angeflogen und man sieht ein großes, blaues Stück Himmel.
Jesus ist fertig, er ist schon beim Segen: »Der Herr lasse sein Angesicht leuchten über euch« – da erscheint in der Dachluke das bärtige Gesicht eines Dachsteigers, und im nächsten Moment wird die Matratze nach unten abgeseilt und der Gelähmte schwebt Jesus ärschlings in die geöffneten Arme.

So nicht!

Da entfährt einem der Oberlandeskirchenräte, die in der ersten Reihe sitzen, der Ausruf: »So geht das nicht!« Das sagen die meistens, wenn was Besonderes vorgeht, besonders, wenn das besonders gut geht. In Jerusalem, dem Sitz der Kirchenleitung, war ein Hinweis aus der Bevölkerung eingetroffen: »Wanderprediger Jesus predigt vor vollen Häusern«. Sowas beunruhigt nicht nur die weltliche, sondern auch die kirchliche Behörde.
Also schickt die, um Lehre und Wandel des Wanderpredigers zu überprüfen, ein paar offizielle Beobachter, und die sitzen natürlich ganz vorn.
Natürlich haben die anderen auch Beobachter geschickt, aber dic sind zurückhaltender, jedenfalls in ihrem Auftreten. Die machen von ihrer Aufsichtstätigkeit nicht soviel Aufsehen wie die Herren von der Kirchenleitung, die ja gerade Wert darauf legen, gesehen zu werden.
Und jetzt lässt sich einer von denen auch noch hören: »So geht das nicht!«

Einer muss bezahlen

Das gehört sich ja auch wirklich nicht, einfach so das Dach abzudecken ist ja Sachbeschädigung – und einer muss das Dach bezahlen. Aber um ihren Freund zu Jesus zu bringen, riskieren die vier Männer auch den Vorwurf des Dachschadens und übernehmen die Deckung der Unkosten. Und ich frage dich, sofern du Christ bist: Was lässt du es dich kosten, andere zu Jesus zu bringen?
Viele von euch bringen es ja nicht mal fertig, einen anderen hierher einzuladen, geschweige denn, andere mitzuschleppen. Ihr rückt hier geschlossen im Pulk der jungen Gemeinde an,

ihr strahlt mich an – aber ihr habt vergessen, den anderen mitzubringen, der Jesus so dringend braucht! Na klar kostet es Überwindung, einen anderen anzusprechen und einzuladen.
Na klar kostet es Nerven, wenn einem der Vogel gezeigt wird, weil man für die Kirche wirbt. Na klar kostet es Zeit, einen anderen abzuholen. Na klar muss einer das Dach bezahlen. Aber ich möchte mal wissen, wer das machen soll, wenn du es nicht machst. So vielen Menschen könnte geholfen werden, wenn sie nur erst mal mit Jesus bekannt gemacht würden!
Milliarden leben auf dieser Erde und wissen nichts von Jesus, weil die Christen zu faul sind zur Mission und Evangelisation. Tausende leben in unserer Stadt und wissen nichts von Jesus, weil die Christen zu faul sind, sie einzuladen, sich noch zusätzliche Arbeit aufzuladen.

Bei Jesus lässt sich was machen

Jedes Argument, das wir gegen ein zusätzliches Engagement vorbringen können, hätten die vier Männer damals auch vorbringen können. Die hatten sich ihren Feierabend redlich verdient und brauchten nicht noch eine zusätzliche Feierabendbeschäftigung. Aber die vier haben ihre fromme Feierabendbrigade gegründet, die haben, egal was es sie kostet, ihren Kumpel zu Jesus gebracht, und als der ihren Glauben sah, hat er gehandelt.
Die Männer glaubten gemeinsam mit dem Kranken, dass sich bei Jesus was machen lässt. Wenn sie das nicht geglaubt hätten, hätten sie alle zu Hause bleiben und Pamela anglotzen können. Aber sie haben rangeklotzt, weil sie geglaubt haben, dass sich was tut, wenn man Jesus auf die Bude rückt. Das waren keine Jesus-Schlümpfe, die bloß in frommen Versammlungen rumschwärmen, sondern die sind draußen rumge-

rannt und haben im Schweiße ihres Angesichts für Jesus Zubringerdienst geleistet. Die wollten bei dem was erreichen.
Viele Christen wollen was von Jesus, sie beten einmal oder zweimal, aber wenn's nicht gleich klappt, geben sie auf. Die vier Männer gaben nicht auf, als es auf Anhieb nicht klappte, sie probierten weiter, die bohrten solange, bis sie sich bei Jesus Gehör verschafft hatten. Das ist Glaube!
Die vier Gesunden haben mit dem Kranken und für den Kranken geglaubt, dass Jesus was tun wird. Das war sozusagen eine Gebetsgemeinschaft auf acht Beinen und einer Matratze.

Hoffnung sein

Jedes Fürbittgebet ist für einen anderen eine Hilfe. Jede Gebetsgemeinschaft ist für einen anderen ein Segen. Jeder echte Glaube ist für einen anderen Hoffnung.
Wenn du an Jesus glaubst, gibst du auch anderen Menschen Hoffnung.
Mensch, um uns herum liegen so viele am Boden, sind gelähmt von der Resignation, kommen nicht mehr aus der Hüfte.
Für solche Menschen können solche Menschen wie du Hoffnung sein!
Ich war jetzt zu einer Jugendwoche. Da waren auch viele Erwachsene dabei. Manche haben mit mir gesprochen und mir erzählt, wie resigniert, lust- und kraftlos viele Menschen der Generation über 50 sind. Und dann habe ich 'was Schönes erlebt: Genau die gleichen abgelaufenen Menschen haben mir gesagt: »Wir sehen hier in der Kirche eine Jugend, die nicht randaliert, nicht betrunken ist, die nicht Krach macht oder etwas kaputt macht. Und das macht uns Hoffnung. Und dass diese Jugendlichen nicht nur still zuhören, sondern viele ganz offen nach vorn gehen und sich zu Jesus bekennen – das macht uns neue Hoffnung!«

Verstehst du: Dein Glaube an Jesus ist für andere Hoffnung. Deine Tat ist für andere Rettung!

Sündenvergebung statt Krankenheilung

»Als nun Jesus ihren Glauben sah, sagte er zu dem Gelähmten: ›Deine Sünden sind dir vergeben!‹«

Das war ja nun 'ne echte Überraschung. Die Männer hatten mit einer Krankenheilung gerechnet, stattdessen ist Sündenvergebung angesagt. Lange Gesichter ringsum, außer bei den Theologen von der Kirchenleitung, denen langt's jetzt, die machen keine langen, sondern finstere Gesichter und sagen einstimmig im Chor: »So geht das nicht!« Und das muss man den Herren Theologen lassen – die sind die einzigen, die mitkriegen, was hier läuft. Als Theologen wissen sie: Kein Mensch kann Sünden vergeben. Sünden vergeben kann nur Gott.

Wenn Jesus hier sagt: »Deine Sünden sind dir vergeben«, behauptet er damit, dass er Gott ist, und das ist in ihren Augen eine Gotteslästerung. Daher ihr einhelliges Urteil: »So geht das nicht!«

Jesus sieht den Jungs aus Jerusalem an der Nasenspitze an, was sie denken. Also geht er sie jetzt direkt an und fragt sie: *»Was habt ihr für Gedanken in euren Herzen? Was ist leichter: Zu dem Gelähmten zu sagen: ›Dir sind deine Sünden vergeben‹, oder zu sagen: ›Steh auf, nimm dein Bett und geh‹?«* Jesus wartet die Antwort gar nicht erst ab, weil ja sowieso klar ist, dass jeder denkt, es ist leichter zu sagen: »Dir sind deine Sünden vergeben«, weil das keiner nachprüfen kann. Aber es ist schwerer zu sagen: »Steh auf und nimm dein Bett«, weil das ja nachprüfbar ist – denn wenn sich nichts rührt und der liegen bleibt, ist Jesus der Blamierte. So denken die Leute. Jesus denkt da ganz anders.

Bei ihm geht's nicht um das, was schwerer oder leichter ist, sondern was wichtiger ist: Sündenvergebung oder Gesundheit? Die meisten Menschen, auch viele Christen, stehen auf dem Standpunkt: »Hauptsache gesund.«
Jesus sagt:
»Hauptsache ist die Sündenvergebung«.
Das heißt nicht, dass Jesus die Gesundheit für unwichtig hält. Im Gegenteil, er kümmert sich um die Gesundheit des Gelähmten – mehr als alle anderen. Mehr als die Theologen, die die Krankheit als Sündenstrafe ansehen. Mehr als die Ärzte, die keine Möglichkeit der Heilung sehen. Mehr als die Stadtverwaltung, die den Kranken in die Slums abgeschoben hat. Mehr als der Kranke, der sich schon selber aufgegeben hat.

Gesundheit ohne Gerettetsein

Natürlich weiß Jesus, wie wichtig für den Gelähmten die Gesundheit ist, deshalb macht er ihn ja gesund und gibt ihm seine gesunden Knochen wieder. Aber er macht ihn eben erst gesund, nachdem er ihm die Sünden vergeben hat. Denn Gesundsein ohne Gerettetsein ist nicht das Gelbe vom Ei. Das ist wie vergnügt in einem Boot zu sitzen, das ein Loch hat und demnächst untergeht.
Selbst wenn du noch so gesund lebst, wirst du sterben. Und wenn dir dein regelmäßiger Stuhlgang wichtiger ist als ein regelmäßiger Kirchgang, dann gehst du ab zur Hölle.
Das Problem deiner Gesundheit ist mit dem Tag deines Todes erledigt. Aber das Problem deiner Sünde ist mit dem Tag deines Todes nicht erledigt. Im Gegenteil: Dann wird deine Sünde für dich zum Problem. Denn wenn du in dieser Welt durch die Sünde von Gott getrennt warst, wirst du auch in der zukünftigen Welt von Gott getrennt sein. Und von Gott getrennt sein – das ist die Hölle.

Deshalb sagt Jesus: *»Lieber mit einem Auge im Himmel, als mit zwei Augen in die Hölle.«* In Markus 9,43 steht: *»Es ist besser für dich, dass du als Krüppel zum Leben eingehst, als dass du zwei Hände hast und fährst zur Hölle.«*
Ich kenne einen Mann, der sitzt schon seit Jahrzehnten im Rollstuhl. Der hat einmal zu mir gesagt: »Lieber gelähmt im Rollstuhl mit Jesus, als gesund draußen rumlaufen ohne Jesus.« Dieser Mann hatte begriffen, dass ein geheiltes Gewissen wichtiger ist als heile Knochen, dass der Friede mit Gott mehr wert ist als die Freuden der Gesundheit.
Das wollte Jesus an dem Mann auf der Matratze demonstrieren. Außerdem wusste er, dass Krankheit von Gott weder geschaffen noch gewollt ist, sondern dass Krankheit eine Folge der Sünde ist und deshalb gibt er ihm erst die Vergebung der Sünden, und dann die Gesundheit.
»Was ist leichter – dem Gelähmten zu sagen: ›Dir sind deine Sünden vergeben‹, oder zu sagen: ›Steh auf, nimm dein Bett und geh‹? Damit ihr aber wisst, dass der Menschensohn Vollmacht hat zu vergeben die Sünden auf Erden, sprach er zu dem Gelähmten: ›Ich sage dir: Steh auf, nimm dein Bett und geh heim.‹ Und er stand auf, nahm sein Bett und ging sofort hinaus vor allen, so dass sie sich alle entsetzten und Gott priesen und sprachen: ›Wir haben so etwas noch nie gesehen.‹«
Klar, dass die Leute aus dem Häuschen sind, als sie das sehen: Erst ist er auf der Matratze durch die Dachluke ins Haus gekommen, jetzt marschiert er mit der Matratze unterm Arm durch die Haustüre hinaus. Das ist wirklich sensationell, aber es geht hier nicht um eine Sensation, sondern um eine Person. Nicht um Heilung, sondern um den Heiland, um die Person von Jesus.

Der Schwerpunkt

»Damit ihr aber wisst, dass der Menschensohn Vollmacht hat zu vergeben die Sünden auf Erden« – das ist der Schwerpunkt der Ge-

schichte. Wir alle wissen, dass Jesus Sünden vergeben kann, und da das nur Gott selber kann, sollen wir alle wissen, dass Jesus Gott selber ist. Es geht um Jesus! Wo Jesus redet oder wo von ihm geredet wird, geht es immer um ihn. Und es geht um die Entscheidung für oder gegen Jesus.

Egal, ob du heute durch deinen eigenen Entschluss hergekommen bist oder weil dich jemand mitgeschleppt hat. Egal, ob du zum x-tenmal oder zum erstenmal hier bist – ich bitte dich: Wenn du deine Sünde loswerden willst – dann komm zu Jesus.

Kleiner Mann – ganz neu

Lukas 19,1–10

Kurt Tucholsky hat mal gesagt: »Das deutsche Schicksal: vor einem Schalter zu stehen. Das deutsche Ideal: hinter einem Schalter zu sitzen.« Die vor dem Schalter haben immer die Mehrheit, aber die hinter dem Schalter haben die Macht, und das macht sie denen vorm Schalter so unsympathisch, jedenfalls wenn sie ihre Macht missbrauchen. Irgendwie haben die Leute was gegen Beamte. Jedenfalls gegen Zollbeamte. Jedenfalls war das zur Zeit von Jesus so.

Damals war der Beruf des Zöllners genauso anrüchig wie der des Zuhälters: einträglich, aber unanständig. Mit solchen Leuten verkehrte man nicht, mit denen sprach man nicht, mit sowas wollte man nichts zu tun haben. Zöllner wurden von der Bevölkerung gehasst. Aus drei Gründen:

Erstens: Weil sie die Staatseinkünfte für die verhasste römische Besatzungsmacht eintrieben, also mit ihrer Arbeit die fremde Zwangsherrschaft unterstützten, galten sie als nationale Verräter.

Zweitens: Weil man in Israel Abgaben nur zu religiösen Zwecken kannte, galten Zöllner wegen ihrer Zusammenarbeit mit den heidnischen Besatzern als religiöse Verräter.

Drittens: Weil sie sich durch Erpressung und auf Kosten ihrer eigenen Volksgenossen ein Vermögen ergaunert hatten, galten sie als Verräter an der Sache des ausgebeuteten Volkes.

Was will denn der hier?

Von so einem Typ wird im Lukasevangelium berichtet. Er hieß Zachäus, wohnte in Jericho, war ein kurzes Kerlchen, aber jeder Zoll ein Zöllner, also ein Gangster höherer Ordnung, der von der Erpressung seiner Unterzöllner lebte, mit einem Wort: ein Miststück.

Nun gehört ja bekanntlich zum Beruf des Zöllners die Neugierde. Auch Zachäus war neugierig. Und als er eines Tages hörte, dass Jesus durch Jericho kommt, will er ihn natürlich sehen. Er hatte von ihm schon gehört. Kein Wunder, denn Jesus hatte vor Jericho ein Wunder getan, einen Blinden geheilt. Diese Sensation war natürlich Tagesgespräch. Und als nun Jesus durch Jericho kam, flitzte alles, was Beine hatte, auf die Straße. Jeder wollte ihn sehen. Dichtes Gedrängel auf allen Bürgersteigen, unser Zachäus natürlich mitten drin in der Menge. Aber so sehr er auch seinen Hals reckt und sich auf die Zehenspitzen stellt, er sieht nichts. Ihm ging's wie euch da hinten, ihr seht auch bloß den Kopf eures Vordermannes.

Aber Zachäus sah nicht mal Köpfe, sondern bloß Rücken und kalte Schultern. Denn genauso klein, wie er war, so groß war auch die Wut der Leute auf ihn. Gerade weil er so kurz war, hätten die ihn ja ruhig nach vorn lassen können, der hätte ja niemandem die Aussicht versperrt.

Aber nein, nun gerade nicht. Der Zachäus nimmt uns unser gutes Geld weg, da nehmen wir ihm heute mal zur Abwechslung die gute Aussicht weg – endlich mal eine Gelegenheit, diesem Hundesohn eins auszuwischen und ihn vom Anblick des Gottessohnes auszuschließen. Wozu braucht so einer wie der Jesus zu sehen?

Die Bürger von Jericho sind längst ausgestorben, aber ihre Nachkommen leben noch. Das sind die Leute, die sagen: Hauptsache, ich habe meinen Sitzplatz. Hauptsache, ich kann gut sehen. Hauptsache, mir geht es gut. Hauptsache, ich bin mit dem Rücken an der Wand. Das sind die Christen, die sich für besser halten als andere Leute. Und wenn die gewisse Typen in der Kirche sehen, dann sagen sie: »Was will denn der hier?«

Zum Beispiel haben sie mal einen der Musiker, die in unserem letzten Gottesdienst gespielt haben, aus einer Kirche rausgeschmissen. Der saß ganz ruhig da, aber entweder war der Bart zu lang oder die Jeans zu ausgefranst, jedenfalls kam ein Kirchenvorsteher und hat ihn rausgefeuert. Den Namen der Kirche verrate ich nicht. Es war eine berühmte Kirche in Dresden. Jaja, es ist schon ein Kreuz mit der Kirche.

Blamage einprogrammiert

Aber zurück nach Jericho. Dort hatten die Bürger zwar einen großen Buckel, aber nur einen kleinen Verstand, und da hat sie der Zachäus ausgetrickst. Sie hatten vergessen, dass zum Beruf des Zöllners nicht nur die Neugierde, sondern auch die Findigkeit gehört. Ein Zöllner muss ja was finden, und wenn er nichts findet, muss er was erfinden. Und erfinderisch war der kleine Zachäus. Der sagte zu denen, die ihm mit ihrem Buckel die Aussicht versperrten: »Rutscht mir den Buckel runter« und rannte dem Festzug voraus. Und dann machte er es wie die Leute, die, um die Friedensfahrer zu sehen, sich auf eine Leiter setzen. Er kletterte auf einen Maulbeerbaum, der seine Äste weit über die Straße streckte. Und von dort oben wollte er durch die Blätter looky looky machen, wenn Jesus unten vorbeikäme.
Nun müsst ihr euch mal vorstellen, was das für ein Hallo gab, als das kleine Männchen Klimmzüge macht, sich am Baumstamm hochhievt und auf dem Ast langrobbt wie ein Zwölfjähriger beim Kirschenmausen.
Ihr müsst bedenken: Herr Zachäus war eine stadtbekannte Persönlichkeit schon wegen seines Reichtums. Der kaufte seine Klamotten nicht per Katalog, sondern beim teuren Herrenausstatter, und da nur das Beste, weil er als Zöllner genug Kohle hatte.

Und dieser vornehme Herr klettert auf einen Baum, reißt sich ein Loch in die Hose von Boss, der Seidenschlips rutscht schief, ein Salamanderschuh fliegt runter. Und nun klebt er da oben auf seinem Ast wie ein Laubfrosch auf der Leiter und macht Stielaugen.
Der Mann macht sich einfach lächerlich! Aber das macht ihm nichts aus. Ihm ist es schnuppe, ob die Leute ihn auslachen, ob seine Hose und sein bürgerliches Image kaputtgehen – ihm geht es nur um das eine, um den Einen:
Er will Jesus sehen.

Gute Aussichten

Und tatsächlich hat niemand in ganz Jericho eine so gute Aussicht, Jesus zu sehen, wie er. Als nämlich Jesus an dem Maulbeerbaum vorbeikommt, wo Zachäus wie ein Mops auf der Lauer zwischen Himmel und Erde im Geäst hängt, entdeckt er ihn. Er sieht hoch und sagt (Vers 5): *»Zachäus, steig schleunigst herunter, denn ich muss heute in deinem Haus einkehren.«*
Zachäus bleibt die Spucke weg, als Jesus ihn sieht und gleich mit seinem Namen anredet. Und ihr werdet euch auch wundern, woher er den Namen weiß. Also ich weiß das auch nicht, aber ich wundere mich auch nicht. Das ist nun mal bei Jesus so, der kennt jeden von uns mit Namen. Dich auch.
Bevor der Mensch sieht, wird er schon von Gott gesehen. Und ob sich der Mensch vor Gott versteckt, wie Stammvater Adam hinter dem Baumstamm oder wie Zachäus hinterm Laub des Baumes – in jedem Fall entdeckt uns das Auge Gottes und ruft uns die Stimme Gottes bei unserem Namen: Komm her, ich habe mit dir ein Wörtchen zu reden!
Du fühlst dich da unten ziemlich sicher hinter dem Rücken deines Vordermannes, hinter der Säule, da oben auf der Empore. Und vielleicht bist du ganz zufrieden, dass du so an-

onym in der Menge des frommen Fleisches untertauchen kannst. Du versteckst dich wie Zachäus. Du bist neugierig wie Zachäus. Du bist ein distanzierter Beobachter wie Zachäus. Du bist ein Sünder wie Zachäus.
Und jetzt ruft dich Jesus wie Zachäus: Du, komm raus aus deinem Versteck deiner reservierten Haltung, deiner skeptischen Verschwiegenheit, komm runter von deinem hohen Ross. Komm her zu mir! Zachäus lässt sich das nicht zweimal sagen. Als Zollbeamter weiß er: Wenn man erst mal entdeckt ist kann man sich nicht mehr wie ein Chamäleon im grünen Laub verstecken, sondern da heißt es raustreten und Farbe bekennen, was man für einer ist.

Gefahr im Verzug

Was für einer bist du? Bist du ein Mensch, der zu Jesus will, oder hängst du bloß so im Leben rum, ohne zu wissen, zu wem du gehörst und was du eigentlich willst?
Heute ruft Jesus dich. Also steig raus aus der Rolle des kühlen Beobachters. Bleib nicht länger hängen im lächerlichen Geäst deiner Standpunkte. Klammere dich nicht mehr krampfhaft an deine Vorurteile. *»Lass die Zweifel und Bedenken, lass dir Gottes Frieden schenken, Jesus ruft dich in sein Reich.«*
Er ruft dich, genauso wie den Zachäus, zu einer schnellen Entscheidung: »Komm sofort runter!« Jesus ruft dich in sein Reich. Warte nicht und komme gleich. Jetzt. Heute. In diesem Gottesdienst. In diesem Augenblick.
Jesus sagt zum Zachäus: *»Ich muss heute in deinem Haus einkehren.«* Heute, das heißt: Du hast keine Zeit zu verlieren. So, wie du bis jetzt rumhängst, unentschieden zwischen ja und nein, kannst du nicht bleiben. Du heißt nicht Zachäus. Du heißt Andreas oder Renate, du sitzt nicht auf einem Ast, sondern auf einer alten Kirchenbank. Aber das ist alles ganz unwich-

tig. Wichtig ist nur, dass du hörst. Jesus sagt jetzt zu dir: Komm, entscheide dich, ich will heute in dein Leben.
Verstehst du: nicht morgen. Nicht übermorgen. Nicht nächsten Sonntag. Morgen kann es zu spät sein, weil der Ast, auf dem du sitzt, dann vielleicht schon abgebrochen und Jesus längst weitergezogen ist. Nutze den günstigen Augenblick der Gnade und mache es wie Zachäus: Der kam sofort.
Wie der Blitz rutschte er am Baumstamm runter, da zerschrabbelt er sich noch das andere Hosenbein. Macht nichts. Vers 6: *»Er stieg sofort vom Baum und nahm Jesus auf mit großer Freude ... und Jesus sagte zu ihm: Heute hat Gott dich angenommen.«* Bisher hatte Zachäus die Leute nur ausgenommen, ihnen Geld weggenommen, und deshalb hatte er alle gegen sich eingenommen. Und da begegnet ihm einer, der für ihn ist. Da kommt, zum ersten Mal in seinem Leben, einer zu ihm, zu ihm in sein Haus, stellt sich vor allen Leuten auf seine Seite. So erlebt Zachäus, der alte, ausgekochte Sünder, zum ersten Mal im Leben, was Liebe ist.

Gesucht: schwarze Schafe

Und er ist glücklich. Es gibt ein Festessen und hoch die Tassen, und er freut sich – aber alle anderen ärgern sich. Ein lautes Volksgemurmel geht los, weil Jesus sich ausgerechnet diesen lächerlichen Zwerg rangewinkt hat. Allgemeine Empörung, dass er ausgerechnet bei dem verhassten Zöllner einkehrt. Das hatten sie von Jesus nicht erwartet.
Damals haben natürlich alle erwartet, dass Jesus zum Mittagessen beim Herrn Bürgermeister oder wenigstens beim Herrn Pfarrer einkehrt, aber doch nicht beim Zachäus, dem übelsten Schlitzohr von ganz Jericho. Deshalb das große Genöle über Jesus: »Bei einem Sünder ist er eingekehrt!« Eben dieser Satz, den die braven Bürger mit ihrer ganzen moralischen Entrüs-

tung aussprechen, ist die frohe Botschaft unserer Geschichte, die Zusammenfassung der Weihnachtsgeschichte und der ganzen Bibel. Und wir sprechen diesen Satz nicht im Tone maulender Entrüstung, sondern dankbaren Triumphes: Bei einem Sünder ist er eingekehrt!

Gott sei es gedankt – Jesus kommt zu den Sündern, egal ob es sich um einen reichen Ausbeuter wie Zachäus oder einen armen Proletarier wie Petrus handelt. An den Frommen, die sich einbilden, sie wären was Besseres und nur bei ihnen könnte Jesus einkehren – an denen marschiert er ohne Aufenthalt vorbei.

Denn er ist nicht auf der Suche nach den Selbstgerechten, sondern nach den Sündern. Die frommen Spießer lässt er stehen und geht zu den Ausgeflippten, die Spießruten laufen müssen wie der Zachäus.

Natürlich weiß Jesus, dass die Art, wie der die Leute betrügt, eine üble Schweinerei ist. Gerade weil er weiß: dieser Mann ist ein Betrüger, trotz seines Reichtums ein armes Schwein, ein Sünder, ein schwarzes Schaf der Gesellschaft, ausgestoßen und verloren – gerade deshalb geht er zu ihm.

Gerade die schwarzen Schafe liebt Jesus am meisten. Und gerade wenn du für dich schwarz siehst, wenn du in Schuld und Sünde steckst, sagt Jesus zu dir: »Ich will in dein Leben.« Vers 10: *»Ich bin gekommen, um die Verlorenen zu suchen.«*

So einfach ist das?!

Jesus sucht dich. Wenn manche das hören, schalten sie ab. Manche sind ständig auf der Flucht vor Gott. Sie merken genau, dass Jesus was von ihnen will, wissen aber nicht genau, was er von ihnen will. Die denken: Jesus macht hunderttausend Vorschriften: das darfst du nicht, und jenes darfst du auch nicht, bis dir das Leben überhaupt keinen Spaß mehr macht.

Aber wo steht denn das? Wo steht in unserer Geschichte ein einziges Wort, dass Jesus irgendwas verlangt, irgendwelche Bedingungen stellt? Das ist ja gerade das Herrliche, dass er keine Bedingungen stellt.
Er sagt nicht zum Zöllner: Zieh dich erst mal anständig an, werde erst mal ein anständiger Mensch, entschuldige dich bei allen, die du betrogen hast, zahl das geklaute Geld zurück, bring dein Leben erst mal in Ordnung. Und wenn du das alles gemacht hast, dann komme ich zu dir.
Er sagt vielmehr zu dem Zöllner, diesem Gauner, diesem Verräter, diesem miesen Menschen, diesem Ekel: Du, ich möchte zu dir. Das ist alles. Keine einzige Bedingung, aber eine einzigartige Verheißung: *»Ich komme, um die Verlorenen zu suchen und selig zu machen.«*
Glücklich will er dich machen. Also mach die Türe deines Herzens nicht länger vor ihm zu, sondern nimm ihn auf! Zachäus nahm ihn sofort auf. Er bekehrte sich auf der Stelle. Und die Echtheit seiner Bekehrung zeigt sich an der Reue über sein bisheriges Leben. Und die Echtheit der Reue zeigt sich daran, dass er sein Leben ändert.
Zachäus trat vor den Herrn und sagte: *»Herr, ich verspreche dir, ich werde die Hälfte meines Besitzes den Armen geben. Und wenn ich jemanden betrogen habe, so will ich ihm das Vierfache zurückgeben.«*
Vielleicht wirst auch du heute Abend, wenn du heute Jesus in dein Leben aufnimmst, manches aus deinem Leben rausschmeißen: geklaute Gegenstände, geborgte Bücher, die du absichtlich nicht zurückgegeben hast, unterschlagenes Geld. Du kannst dir das jetzt noch gar nicht vorstellen, aber wenn du Jesus erst mal in dein Leben reinlässt, bekommst du von ihm die Kraft, dich zu ändern. Dann geht das.
Zachäus konnte sich auch nicht vorstellen, dass er es mal fertigbringen würde, den Leuten das geklaute Geld zurückzugeben und selber mit weniger Geld auszukommen. Aber irgendwie hat er sich gesehnt nach einem anderen Leben. Deshalb

wollte er Jesus sehen. Und wenn du Jesus sehen und ein neues Leben haben willst, dann wirst du das geschenkt kriegen wie der Zachäus.

Dem hat Jesus keine einzige Bedingung gestellt. Und dir stellt er auch keine. Er stellt sich ganz einfach vor dich hin und sagt: Du, ich möchte in dein Leben. Er sagt (Offenbarung 3,20): *»Hört gut zu: ich stehe vor der Tür und klopfe an. Wenn jemand meine Stimme hört und öffnet, werde ich bei ihm einkehren. Ich werde mit ihm essen und er mit mir.«*

Heute Abend steht Jesus vor der Tür deines Lebens. Du brauchst nichts zu tun als ihn einzuladen und aufzunehmen. Du brauchst nur zu sagen: Ja Herr, komm in mein Leben. Und er wird so, wie er es versprochen hat, eintreten und dich glücklich machen. Ich weiß, dass er jeden rettet.

Mit Jesus das Leben genießen

Johannes 2,1–11

Als Jesus ins Licht der Öffentlichkeit trat, war er Junggeselle und schon 30 Jahre alt. Bis dahin hatte er ganz unauffällig als Zimmermann gelebt. Das war sein bürgerlicher Beruf.
Aber sein eigentlicher Beruf war ERLÖSER. Diesen Beruf hat kein Mensch vor ihm und keiner nach ihm gehabt. Er war der einzige, den Gott zu diesem einzigartigen Beruf berufen hat. Er sollte Menschen in Gottes Reich rufen, sie zur Bekehrung auffordern, ihnen neues Leben anbieten, für ihre Sünden sterben und sie vom ewigen Tod erlösen.
Das ist eine schwere, ernste Lebensaufgabe. Wer sowas vorhat, hat keine Zeit für irgendwelches Allotria. Umso erstaunlicher ist, dass Jesus seine öffentliche Wirksamkeit mit einem Riesenallotria anfängt.
Wie gesagt: 30 Jahre lang hat er sich darauf vorbereitet, die Menschen in Gottes Reich zu rufen. 30 Jahre lang hat er auf dieses eine Ziel zugelebt, 30 Jahre lang seine Gedanken, Gebete, Kräfte auf diese Aufgabe konzentriert. Und in dem Moment, wo's losgeht, kriegt er eine Einladung zu einer Hochzeit.
Er ist gerade dabei, seine Jünger zu berufen. Zwölf sollen es werden. Als er gerade beim fünften ist, kommt die Einladung. Nun hätte er ja sagen können: »Tut mir leid. Keine Zeit. Ich hab doch nicht ein Leben lang auf alles verzichtet, zum Beispiel auf die Ehe, um jetzt, wo's losgeht, meine Zeit auf eurer Hochzeit zu verplempern. Ich hab doch nicht 30 Jahre lang in den Startlöchern gesessen, um jetzt, wo's losgeht, auf eurer Hochzeitsfete rumzusitzen. Ich bin voll beschäftigt, bin gerade mittendrin, meine Mitarbeiterschaft zusammenzustellen.«
Das ist eine gute Ausrede. Jeder hätte sie akzeptiert. Aber Jesus kommt nicht mit Ausreden, sondern er kommt mit.

Wenn jemand ihn einlädt, kommt er. Wenn du ihn einlädst, kommt er auch zu dir. Er wird nie zu dir sagen: »Ich habe keine Zeit«, oder: »Du bist mir zu unwichtig«, oder: »Vielleicht ein andermal, morgen.«
Nein, wenn du Jesus einlädst, kommt er. Und zwar in demselben Moment. Wenn du jetzt in diesem Moment in deinem Herzen sagst: »Bitte, Jesus, komm zu mir«, dann tritt er jetzt in dein Leben ein. Und dann fängt dein Leben erst mal richtig an. Denn ein Leben ohne Jesus ist nach Meinung der Bibel überhaupt kein richtiges Leben. Genauso wie eine Ehe ohne Jesus nach Meinung der Bibel überhaupt keine richtige Ehe ist.

Fromme Soße – statt Gottes Segen?

Heutzutage fangen ja die meisten ihre Ehe ohne Jesus an, auch die, die ihn bloß zu Dekorationszwecken benutzen. Da kam jetzt ein junger Mann zu mir und sagte: »In drei Wochen will ich heiraten! Alles fix und fertig – Standesamt, am nächsten Tag Gaststätte gemietet, Essen bestellt, Verwandtschaft eingeladen. Das Problem ist bloß: Meine Frau, die ist übrigens im fünften Monat schwanger, ist weder getauft noch konfirmiert, noch Glied einer Gemeinde – können Sie uns bitte kirchlich trauen?«
Also so nicht! Jedenfalls nicht mit mir! Und kein Pfarrer, der noch einen Rest von Geist besitzt, wird sich auf so ein Theater einlassen. Denn den Braten riecht ja jeder: Die wollen zu ihrer Hochzeit nicht Jesus, sondern einen kirchlichen Schleimer, der den bereits angebrannten Braten mit einer frommen Soße übergießt. Die wollen vom Pfarrer die Soße, aber nicht von Gott den Segen. Und der ist doch die Hauptsache. Bei der kirchlichen Trauung geht's darum, dass ich meinen Lebenspartner aus Gottes Hand empfange. Dass Gott mir meinen Partner anvertraut – daher Trauung – und dass Gott mei-

ne Ehe segnet. Denn auch für die Ehe gilt: An Gottes Segen ist alles gelegen.
Heute pfeifen die meisten auf Gottes Segen, indem sie entweder die Ehe überhaupt oder die kirchliche Trauung ablehnen. Die meisten gehen ohne Jesus in die Ehe, und deswegen gehen die meisten Ehen nicht. Guckt sie euch doch an, die freudlosen Paare, wie sie abgestumpft nebeneinander herlatschen, diese Armee von resignierten, unzufriedenen, unglücklich Verheirateten – ganz zu schweigen von denen, die sich scheiden lassen und dadurch noch unglücklicher werden.

Lade Jesus zu dir ein!

In der DDR wurde jede dritte Ehe geschieden, und jede Scheidung ist ein Haufen Schmerz, Tränen, Verbitterung und Kummer, und wo Kinder mit reingezogen werden, ist es fast schon ein Verbrechen. Und warum so viele unglückliche Ehen? Weil Jesus nicht eingeladen wurde. Weil es immer bloß hieß: »In meinem Leben, in meiner Wohnung, in meiner Ehe, auf meiner Hochzeit brauche ich keinen Jesus.«
Wenn du bisher auch so gedacht hast, dann bitte ich dich: Lade ihn ein, damit in dein Leben, in deine Wohnung, in deine Ehe Friede einzieht. Wenn du ihn damals zu deiner Hochzeit nicht eingeladen hast, dann hole es nach. Lade ihn heute noch ein!
Ohne seinen Segen läuft deine Ehe oder dein eheähnliches Zusammenleben mit einem Partner nicht. Und wenn's bei dir schon schief gelaufen ist, dann möchte ich dir sagen: Der Terror, den ihr jetzt bei euch habt, muss nicht so bleiben. Es muss bei dir nicht zur Scheidung kommen. Es muss auch nicht so weit kommen, dass du dein Leben lang ohne Liebe neben deinem Partner hertrottest. Jesus kann euch beide verwandeln. Er kann euch einen neuen Anfang schenken. Aber

ihr müsst ihn erst mal reinlassen, an euch ranlassen. Lass dir bitte den guten Rat geben: Lade Jesus zu dir ein, du wirst es nicht bereun.
Die beiden jungen Leute, die ihn damals zu ihrer Hochzeit eingeladen haben, haben es jedenfalls nicht bereut. Die wohnten in Kana, einer Klitsche, 13 km von Nazareth entfernt, und hatten also auch Jesus eingeladen.
Der wäre bestimmt nicht eingeladen worden, wenn er eine Niestüte gewesen wäre. Denn wer will schon einen auf seiner Hochzeit dabei haben, der keinen Spaß versteht und bei jedem deftigen Witz pikiert an der Nase runterguckt. (Und bei so'ner Bauernhochzeit werden ganz harte Witze gerissen, wie es ja meistens in geschlossener Gesellschaft sehr offen zugeht.) Wer will schon einen dabei haben, der weltfremd und stocksteif dahockt, wenn sich alle vor Lachen biegen und zu schunkeln anfangen?
Aber Jesus ist kein Spielverderber, kein verklemmter Partymuffel, der als ewiger Junggeselle entsagungsvoll in der Ecke steht und Langeweile verbreitet, während der Rest des Dorfes auf der Tenne Polka tanzt. Jesus ist auf der Hochzeit nicht bloß so dabei unter »ferner liefen«, sondern er trägt auch was mit bei, damit die Fete auf vollen Touren läuft.

Peinlich, peinlich!

Vielleicht kennt ihr die Situation, wenn man bei einer Fete zusammensitzt, und auf einmal ist der Stoff alle. Kein Tropfen Alkohol mehr im Hause, die Kneipe nebenan schon dicht, und die Stimmung ist deutlich am absinken. Wenn dann einer aus seiner Tasche noch eine Flasche rausholt, gibt's ein großes Hallo – und das Fest ist gerettet. Der Typ, der die Flasche gucken lässt, ist Jesus. Er ist der Mann, der die Hochzeitsparty in dem Moment, wo sie gerade absacken will, wieder in

Schwung bringt. Es stellt sich nämlich plötzlich heraus, dass der Wein alle ist.
Johannesevangelium Kapitel 2: Der Wein war alle.
Peinliche Sache für das Brautpaar und die Brauteltern. Sieht ja so aus, als wären sie arm oder geizig, eins so schlimm wie's andere.
Die erste, die mitkriegt, dass der Wein alle ist, ist Maria, die Mutter von Jesus. Sie geht zu ihm und sagt: *»Sie haben keinen Wein.«* Aber Jesus lässt sie abblitzen: *»Frau, was geht's dich an, was ich tue? Meine Stunde ist noch nicht gekommen.«*
Als Mutter von Jesus will Maria eine Vermittlerrolle übernehmen. Das ist zwar gut gemeint, aber das ist nicht im Sinne von Jesus. Er braucht keine Vermittlerin seiner Gnade. Deshalb faucht er seine Mutter ungewöhnlich scharf an. Und Maria versteht, dass sie sich rauszuhalten hat. Sie zieht sich zurück und sagt nur zu den Dienern: *»Was er euch sagt, das tut.«*
Jetzt ist sie wieder auf der richtigen Position. Sie weist hin auf Jesus. Von ihm erwartet sie Hilfe. Ihm muss man gehorchen. Er wird handeln.
Ich stelle mir vor, dass Jesus nach diesem Gespräch rausgeht aus dem Raum, in dem die Hochzeitsgesellschaft rumtobt. Er tritt ein paar Schritte vor's Haus, wo es ruhiger ist, und betet: »Vater, hast du einen Auftrag für mich?« Und der Auftrag kommt. Jetzt ist seine Stunde gekommen.
Als er sich umsieht, sieht er sechs große, steinerne Wasserkrüge stehen. Die sind leer. Jesus sagt zu den Dienern: *»Füllt die Krüge mit Wasser.«* Die füllen sie bis zum Rand. *»Nehmt eine Probe und bringt sie dem Küchenchef.«*

Fromme Leute und weltliche Freuden

Der Küchenchef probiert, schlürft, schmatzt, schnalzt, geht zum Bräutigam und sagt: *»Jedermann gibt zuerst den guten Wein,*

wenn sie betrunken sind, den gewöhnlichen. Du hast den guten Wein bisher behalten.« Mit anderen Worten: Jesus hat das Wasser in Wein verwandelt. Und zwar nicht in ein billiges Gesöff, sondern in einen edlen Tropfen. Er schlägt dem Fass den Boden aus, indem er in dem Moment, wo die Fete in einer Flaute ist, neuen Stoff ranschafft und den Laden wieder flott macht.
Das übersteigt bis zum heutigen Tage die Vorstellungskraft aller frommen Spießer, die immer so tun, als dürfe ein anständiger Christ bei den sogenannten weltlichen Freuden nicht mitmachen.
Jesus macht mit. Und zwar kräftig. Der ist kein Alkoholmuffel. Allerdings gibt er dir durch sein Verhalten auf der Hochzeit keinen Freibrief fürs Saufen. Erstens steht hier nirgends, dass die auf der Hochzeit zu Kana betrunken gewesen wären oder Jesus sie betrunken gemacht hätte. Ganz abgesehen davon, dass Trunkenheit damals als Schande galt. Und zweitens ist es ein Unterschied, ob jemand mal auf einer Hochzeit einen draufmacht, oder sich jemand durch regelmäßiges Saufen kaputt macht.
In der DDR gab es eine Million Alkoholiker. Das war bei einer Bevölkerung von 17 Millionen alarmierend. Der Alkohol ist, wenn er missbraucht wird, ein gefährlicher Feind des Menschen. Und wir haben heute allen Grund, vor dem Saufen zu warnen.
Bei dieser Gelegenheit möchte ich sagen, dass Jesus der einzige ist, der einen Alkoholabhängigen befreien kann. Denn hinter der Alkoholsucht steht der Teufel, und mit dem wird nur Jesus fertig.
Ich war einmal zu einer Jugendwoche in Waren. An einem Abend, ein paar Minuten bevor es losging, wurde mir ein Zettel gebracht, da stand drauf: »Lieber Theo Lehmann! Vor fünf Jahren erlebte ich dich in Rostock. Ich darf seit fünf Jahren trocken sein. Dem Herrn sei Lob und Dank! Dein Alexander.« Das ist ein Beispiel von tausenden, wo Jesus einen Trin-

ker freigemacht hat. Also, wenn du alkoholsüchtig geworden bist, dann wende dich an Jesus. Der kann nicht nur Wasser in Wein, sondern auch umgekehrt alkoholsüchtige in trockene Menschen verwandeln.
Trotzdem bleibt es dabei, dass Jesus zum Erstaunen und Ärger aller kleinlichen Antialkoholiker große Mengen von Alkohol spendiert hat, und das war ausgerechnet das erste Wunder, das er getan hat.

Von Hochzeit zu Hochzeit

Später hat er dann beim Abendmahl, wo es auch Wein gab, gesagt: *»Ich werde Wein erst wieder trinken im Reich meines Vaters.«* Und Gottes Reich hat er ja auch als Hochzeit beschrieben. Am Anfang die Hochzeit zu Kana. Am Ende das Hochzeitsfest in Gottes Reich. Die beiden Aussagen sind für uns Christen genug, um die irdischen Freuden von Herzen zu genießen.
Ich bin sogar davon überzeugt, dass nur der, der seine Hoffnung auf die Ewigkeit setzt, die irdischen, vergänglichen Freuden richtig genießen kann. Die Nichtchristen können das gar nicht so wie wir. Die sind ja der Meinung, mit dem Tod sei Schluss, dann komme nichts mehr. Also müssen die vorher alles mitnehmen, solange noch die Beißerchen und die Leber und die Galle mitmachen.
Die sagen sich: »Was ich jetzt nicht kriege, das kriege ich nie.« Deshalb laufen die gierig und süchtig den Freuden der Welt hinterher, deshalb schütten und schaufeln die rein, was das Zeug hält. Und je näher die dem Tode kommen, um so weniger haben die an Freude, um so schiefer hängt das Maul.
Bei uns Christen ist das anders. Für uns sind alle irdischen Freuden Ankündigungen der Freuden, die in Gottes Ewigkeit auf uns warten. Und deshalb können wir die irdischen Freuden viel besser genießen, weil wir wissen: es kommt noch bes-

ser. Wer Jesus nicht kennt, kann den Hals nicht voll genug kriegen und wird doch nicht satt. Wer Jesus kennt, kann das Leben in vollen Zügen genießen, ohne dem Vergänglichen nachzutrauern, weil er weiß: in Gottes Ewigkeit geht's erst mal richtig los.
Auf der Hochzeit zu Kana hat Jesus mal für einen Moment aufgedreht, um uns zeichenhaft anzudeuten, was bei ihm alles drin ist. Wenn wir erst in seinem Reich drin sind, dann wird, wie die Bibel sagt, *»unser Mund voll Lachen sein.«*
Jetzt muss ich mich aber mal speziell an die wenden, die die ganze Zeit zwar nicht gelacht, aber gelächelt haben über diese wundervolle Geschichte, weil sie das ganze für frei erfunden halten. Ich denke sowieso, dass die meisten von uns sich fragen: »Stimmt das eigentlich? Nimmt die Bibel uns hier auf die Schippe? Ist das wirklich so passiert?«

Wein oder nicht Wein, das ist nicht die Frage

Also – ich war nicht dabei. Und ich möchte gleich sagen, dass ich nicht die geringste Lust habe, jetzt herumzurätseln, ob das Wunder so passiert ist oder nicht. Das ist nun eure Sache, was ihr von diesem Wunder haltet.
Wunder führen normalerweise nicht zum Glauben. Dem Nichtglaubenden helfen sie gar nichts, und dem Glaubenden können sie seinen Glauben auch nicht begründen, höchstens stärken.
In unserer Geschichte ist es so, dass nur die, die sowieso schon als Glaubende mit Jesus auf die Hochzeit gekommen sind, auch nach dem Wunder an ihn glauben. Für die anderen ändert sich nichts. Die sind froh, dass sie was zu trinken kriegen, ansonsten haben die nichts kapiert.
Wir kommen also keinen Schritt weiter, wenn wir jetzt Argumente Pro und Kontra sammeln, ob es Wunder gibt und ob

dieses Wunder hier so passiert ist oder nicht. Damit ihr aber nicht denkt, ich kneife, und falls euch meine Meinung interessiert, dann möchte ich euch allerdings reinen Wein einschenken und ganz klar sagen: Wenn hier in der Bibel steht, dass Jesus aus sechs Krügen Wasser sechs Krüge Wein gemacht hat, dann steht für mich fest: dann hat er auch aus sechs Krügen Wasser sechs Krüge Wein gemacht. Das glaube ich. Mehr habe ich dazu nicht zu sagen.

Wein oder nicht Wein – das ist hier nicht die Frage. Die entscheidende Frage ist nicht, ob du glaubst, dass Jesus damals in Kana Wasser in Wein verwandelt hat. Die entscheidende Frage ist, ob du glaubst, dass Jesus auch heute etwas verwandeln kann. Und zwar nicht irgendwas und irgendwen, sondern dich. Das bloße Fürwahrhalten der Bibel ist noch kein echter Glaube. Wenn du glaubst, dass Jesus damals so gehandelt hat, wie es hier in der Bibel steht, ihm aber nicht zutraust, dass er heute genauso handelt, dann glaubst du überhaupt nicht an Jesus.

Wenn du nicht glaubst, dass Jesus jede Situation verändern kann, dann glaubst du überhaupt nicht an Jesus.

In der Bibel steht: *»Bei Gott ist kein Ding unmöglich.«* Und die ganze Kana-Geschichte steht deshalb in der Bibel, damit du siehst: Jesus kann das Bestehende verändern Und wo er was verändert, entsteht Freude. Wenn Jesus aus Wasser Wein gemacht hat, kann er auch aus einer trüben Tasse eine sprudelnde Quelle und aus einer alten Flasche einen fröhlichen Christen machen.

Erwartet Wunder!

Ein Theologe hat zu unserer Bibelstelle geschrieben: »Wir halten nicht mehr nach Wundern Ausschau. Wunder solcher Art bedeuten uns nicht mehr viel.« Ja, das stimmt, und deswegen stimmt es bei uns nicht mehr. Deshalb sage ich euch: Erwartet ein Wunder!

Du kannst Jesus nicht zu einem Wunder drängeln. Das hat die Maria versucht und dafür von Jesus einen Anranzer gekriegt. Aber es ist ja ein Unterschied, ob ich von Jesus ein Wunder verlange, oder ob ich von ihm ein Wunder erwarte! Erwartet ein Wunder!

Deine Ehe ist kaputt, und du bist der Meinung, dass da nichts mehr zu retten ist? Jesus hat ausgerechnet auf einer Hochzeit Wasser in Wein verwandelt und das Unmögliche fertiggebracht. Der kann auch fertigbringen, dass es mit deiner Ehe weitergeht, auch wenn du das jetzt für aussichtslos hältst. Für Jesus ist gar nichts aussichtslos. Im Gegenteil: wenn überhaupt einer, dann kann nur der dir helfen.

Du hast das Leben satt? Du findest alles sinnlos? Einer, der aus fadem Wasser herrlichen funkelnden Wein macht, der kann auch aus deinem langweiligen Leben ein erfülltes, sinnvolles Leben machen. Der kann Sinnlosigkeit in Sinn, Leid in Freude, Angst in Mut verwandeln.

Egal, wie alt du bist, wie verzweifelt, wie tief gesunken, wie festgefahren deine Situation – Jesus kann dein Leben verändern!

Mensch, wenn du wüsstest!

Johannes 4,1ff

Eine Frau bekommt ihr erstes Kind. Es ist ein Junge. Nach der Geburt fragt die Krankenschwester: »Wie soll der Junge heißen?« »Reiner.« »Oh, da möchte ich Ihnen aber abraten, Frau Zufall.«

Reiner Zufall – so einen Namen gibt's in Wirklichkeit gar nicht. Es gibt überhaupt keinen Zufall, und in der Bibel gibt es nicht einmal eine zufällige Bemerkung. In der Bibel hat jedes Wort und jede Kleinigkeit seine tiefe Bedeutung.

Deshalb ist es wichtig, beim Bibellesen auch auf Kleinigkeiten zu achten. Das vierte Kapitel des Johannesevangeliums zum Beispiel geht mit der folgenden Bemerkung los: *»Jesus verließ Judäa und ging wieder nach Galiläa. Er musste aber durch Samarien reisen.«* Das klingt wie weiter nichts als eine trockene Ortsangabe, dabei enthält dieser Satz schon das Evangelium, die ganze Liebe Gottes: *»Er musste durch Samarien reisen.«* Was heißt hier »er musste«? Er musste überhaupt nicht! Im Gegenteil: Jeder Jude musste um Samarien einen Bogen machen, so wie jeder Punker um ein Wohngebiet, das von Neonazis kontrolliert wird, einen Bogen machen muss, weil er sonst riskiert, dass er dort eins übergebraten kriegt. Neuerdings ist es ja auch für polnische Bürger lebensgefährlich, durch unser Land zu reisen, weil sie hier von manchen wie Wild gejagt, überfallen und ausgeplündert werden.

Durch das Gebiet der Samariter zu reisen war gefährlich. Samariter waren Ausländer, halbe Heiden, zwischen ihnen und den Juden lief seit fast 1000 Jahren nichts mehr, zwischen ihnen gab es nicht nur eine äußere, sondern eine innere Grenze. Das war der gegenseitige grundlose, gründliche, abgrundtiefe Hass. Und den macht Jesus nicht mit. Und wer Auslän-

der hasst oder belästigt, ist kein Christ. Denn Hass gegen Ausländer ist ein Verstoß gegen die Nächstenliebe.
Jesus ist die Liebe in Person. Und lieben heißt in der Bibel: Gott gehorchen. Deshalb heißt es hier: Jesus musste durch Samarien. Da musste er durch, das ist göttliches Muss. Für »musste« steht hier im Urtext das Wort, das die Bibel oft gebraucht, wenn es um die eigentliche Sendung Jesu geht, und das ist die Rettung von Sündern. Vor Gott sind alle Menschen gleich, nämlich Sünder, und Gott will, dass alle Menschen gerettet werden, und zwar gleich.
Jesus ist unterwegs um zu retten. Jesus muss durch Samarien wegen einer Person. Um einen Menschen zu retten – darum muss er.

Ein Penner bringt die Rettung

Als er mit seinen Jüngern in der Nähe der Stadt Sichar ankommt, ist es zwölf Uhr mittags. Um diese Zeit herrscht im Orient eine schweinische Hitze. Jeder Mensch macht Mittagsschlaf. Auch Jesus, so heißt es hier, »war müde«. Er kriecht auf dem Zahnfleisch und hängt sich knille im Schatten an einen Brunnen. Seine Jünger sind nach Sichar rein, um im Penny-Markt ein bisschen Salat und Pommes zu kaufen. Jesus schnappt inzwischen nach Luft und würde brennend gern einen Schluck trinken, hat aber kein Gefäß zum Schöpfen. Wie der gute Mann da verstaubt, verschwitzt und verdurstet am Brunnenrand hängt, das sieht ziemlich kläglich aus. Jedenfalls sieht man dem nicht gerade an, dass er der Sohn Gottes ist. Sieht eher aus wie so ein abgelaufener Penner. Und genau das denkt auch die Frau, die in diesem Moment zum Wasserschöpfen kommt: ein verschwitzter Jud – mit so was will sie nichts zu tun haben. Aber Jesus will mit ihr zu tun haben, obwohl das nach allen Regeln des Anstandes einfach unmöglich ist:

Erstens ist die Frau eine Frau, und mit einer fremden Frau spricht ein anständiger Jude nicht, das ist unter der Würde eines jüdischen Mannes.
Zweitens ist die Frau nicht nur eine Frau, sondern ein Frauenzimmer, ein Flittchen, und mit so was spricht man gleich gar nicht.
Drittens ist die Frau eine Ausländerin, und das ist schon mal schlecht.
Viertens hat sie eine andere Religion, liegt theologisch schief, eine Art Sekte sozusagen, mit so was trinkt man nicht aus einer Tasse, denn die Trinkgefäße der Samariter gelten als unrein und sind deshalb für Juden verboten.
Aber das alles juckt Jesus überhaupt nicht. Der setzt sich über solche Unterschiede, Grenzen, Sitten, Vorschriften und Vorurteile einfach hinweg. Er redet die Frau einfach an. Der Gottessohn benimmt sich einfach menschlich. Menschlichkeit versteht sich nämlich leider nicht von allein. Allein die göttliche Liebe macht es möglich, dass Menschen zwischenmenschliche Mauern überspringen können.

Keine Drinks für Ausländer!

Jesus redet die Frau einfach an und bittet sie: *»Gib mir zu trinken!«* Gleich bei diesem Annäherungsversuch lässt die Frau Jesus voll abfahren: *»Du bist ein Jude und bittest mich, eine Samariterin, um Wasser?«* Mit anderen Worten: Ich hab auch meinen Nationalstolz. Sauf du gefälligst bei euch zu Hause am Jordan! Bilde dir nicht ein, du könntest dich hier bei uns durchschlauchen! Für Juden gibt's hier keine Drinks.
Darauf Jesus (Vers 10): *»Wenn du wüsstest, was Gott dir geben will und wer dich hier um Wasser bittet, würdest du mich um das Wasser bitten, das du zum Leben brauchst. Und ich würde es dir geben.« »Aber Herr«*, meint da die Frau, *»du hast doch gar nichts, womit du Was-*

ser schöpfen kannst, und der Brunnen ist tief. Wo willst du denn das Wasser für mich hernehmen?«

Die Frau kapiert überhaupt nicht, wovon Jesus redet. Wenn sie das Wort »Wasser« hört, denkt sie an das Wasser im Brunnen. Aber Jesus redet inzwischen von etwas ganz anderem. Er hat schon ein ganz neues Thema angefangen, das Thema unseres Lebens, das Thema überhaupt, nämlich: lebendiges Wasser – Wasser des Lebens. Er redet schon gar nicht mehr vom Brunnenwasser, sondern von einer anderen Sorte, bei ihm hat das Wort »Wasser« eine doppelte Bedeutung. Die gute Frau kriegt den Doppelsinn zunächst überhaupt nicht mit. Die hört immer bloß »Wasser« und versteht immer bloß Bahnhof, die beiden missverstehen sich also. Jeder redet von was anderem, das Gespräch ist ein Missverständnis. Aber die Möglichkeit des Missverständnisses gehört zum Wesen der Botschaft Jesu. Es ist möglich, Jesus misszuverstehen, vielleicht muss jeder ihn missverstehen, der noch nicht vom lebendigen Wasser getrunken hat, das heißt, der den Heiligen Geist nicht hat. »Wasser« ist in der Bibel nämlich auch ein Bildwort für »Geist«.

Den Sinn der Worte Jesu erkennst du nur, wenn du Jesus anerkennst. Du musst trinken, um zu wissen, wie's schmeckt. Du musst glauben, um zu wissen, ob's stimmt, was Jesus sagt. Ich habe schon x-mal erlebt, dass Menschen mich beim Predigen missverstanden haben, absichtlich oder eben tatsächlich. Obwohl ich gedacht habe, ich hätte mich ganz klar ausgedrückt. Manchmal sind die Missverständnisse so grotesk, dass ich mich frage, ob die überhaupt zugehört haben. Aber das steht ja schon in der Bibel: Der Mensch, wie er von Natur aus ist, kapiert nichts vom Geist Gottes. Damit einer Verständnis für göttliche Dinge kriegt, muss Gott selber ihn anmachen. Deshalb muss, auch wenn die Leute noch nichts von Gott wissen, immer feste weitergepredigt werden, denn der Glaube kommt aus der Predigt. Deshalb redet Jesus immer weiter zu der Frau, und er versucht, sie neugierig zu machen: »Wenn du wüsstest«, sagt er. »Wenn du wüsstest, wer ich bin und was ich zu bieten habe!« Deshalb predige auch ich immer weiter und sage dir: Mensch, wenn du wüsstest, was und wie Leben mit Gott ist, du kämst aus deiner Ablehnung heraus und würdest dich nicht länger mit deinen kümmerlichen Göttern begnügen, die dir nicht helfen können. Du würdest dich nicht mit deinen heidnischen Sternzeichen behängen, die dich nicht schützen können. Du würdest dich nicht länger an verseuchten Quellen rumtreiben, die deinen Lebensdurst nicht löschen können.

Wenn du wüsstest! Jesus möchte, dass du über den Rand deiner bisherigen gottlosen Weltanschauung blickst. Er möchte, dass die Frau über den Horizont ihres Brunnenrandes hinauskommt. Deshalb sagt er (Verse 13–14): *»Jeder, der dieses Wasser trinkt, wird bald wieder durstig. Wer aber von dem Wasser trinkt, das ich ihm gebe, der wird nie wieder Durst bekommen. Dieses Wasser wird in ihm zu einer Quelle, die bis ins ewige Leben hineinfließt.«*

Von Bäuchen, Buden und Bankkonten

Mit Durst meint Jesus hier nicht den Durst, den wir mit einem Getränk stillen. Er nimmt diese Erfahrung unseres Lebens, eben den Durst, um damit etwas ganz anderes zu beschreiben, nämlich den Lebensdurst. Wir alle haben in uns einen Lebensdurst, einen Hunger, einen Drang, eine Gier nach Leben, nach Erfüllung, nach Glück, nach Befriedigung. Und jeder versucht auf seine Weise, diesen Durst zu löschen – im Sex, im Suff, im Surfen, im Siebald-Hören. Andere füllen sich den Wanst voll mit Fresserei, ihre Häuser voll mit Besitz, ihre Konten voll mit Geld. Aber je voller die Bäuche, Buden und Bankkonten, um so weniger sind die Leute zufrieden. Ich kann nicht feststellen, dass die Menschen bei uns in den neuen Bundesländern zufriedener geworden sind, obwohl viele viel mehr haben, als sie vor der Wende zu hoffen wagten. Die Ehemaligen-jetzigen-neuen-Ost-Bundis reisen bis an die Küsten des Atlantiks und meckern. Sie kraxeln auf die Spitzen der Alpen und meckern. Sie fahren im neuen Golf einkaufen und meckern. Die Gier nach immer mehr macht sie immer unzufriedener. Die Menschen unternehmen die abenteuerlichsten Dinge, um ihren Lebensdurst zu löschen, und sie sind nicht eher ruhig, bis sie Jesus gefunden haben. Das gilt für die in den östlichen genauso wie für die in den westlichen Bundesländern.

Hört sich ja doch ganz interessant an

Vor vierzehn Tagen war ich auf einer Jugendwoche in Kassel. Da wurde einer auf der Toilette überrascht, als er sich gerade einen Schuss gegeben hatte und sagte: »Jetzt hab ich wieder 200 Euro in meinem Körper.« Aber das dauert ja nicht lange, da braucht er wieder 200 Euro für den nächsten Schuss, und das Teuflische an der Sucht ist, dass die Sehnsucht nie zum Ziel kommt, sondern dass es immer wieder von vorne losgeht, bis am Schluss nichts mehr geht und alles kaputt ist. Die Selbstbefriedigung wird zur Folter, und die Folge ist die Selbstzerstörung. Wir haben da junge Männer gesehen, die hatten sich so voll Drogen gepumpt, dass sie kaum stehen konnten. Der eine wollte, während ich mit ihm sprach, eine Banane essen und schaffte es kaum, das Ding zu schälen. Die waren fertig, kaputt, junge Menschen, die ihren Lebensdurst an einer teuflischen Quelle löschten und bis ins Innerste vergiftet waren.

Man könnte heulen, wenn man dieses Elend sieht. Und deswegen war ich sehr froh, als an einem Abend eine junge Frau ans Mikro trat und erzählte, dass sie auch mal drogenabhängig war – abgemagert, ausgelaugt, hoffnungslos. Und dann kam ein Tag im Leben dieser Frau, an dem sie Jesus begegnete, und das war die Rettung.

Diesen Tag erlebt auch die Frau am Brunnen. Und sie kann dann am Schluss mit vielen anderen von Jesus sagen: *»Er ist wirklich der Retter der Welt.«* Mit diesem Satz endet unsere Geschichte, aber noch sind wir nicht soweit. Noch sieht sie in Jesus nicht den Retter, sondern den Rumtreiber. Aber Jesus sieht, dass auch in dieser Frau dieser Lebensdurst, diese Sehnsucht nach Glück und Erfüllung steckt. Deshalb sagt er: *»Wer von dem Wasser trinkt, das ich ihm gebe, der wird nie wieder Durst bekommen.«* Da wird sie hellhörig. Obwohl sie immer noch nicht geschnallt hat, wovon hier eigentlich die Rede ist, ist sie inzwischen an dem Angebot Jesu interessiert. Sie denkt: Es geht um eine äußere Lebenserleichterung, sie braucht nicht mehr die schweren Wassereimer zu hucken.

So wie viele Leute heute denken, die wichtigste Aufgabe der Kirche würde in erster Linie darin bestehen, die irdischen Lebensbedingungen der Menschen zu verbessern. Es ist ja geradezu rührend, wie manche Theologen, die keine Ahnung haben von Ackerbau und Viehzucht, mit großartigen Reden auf internationalen Konferenzen eine neue Weltwirtschaftsordnung und so was fordern.

Worum geht's hier eigentlich?

Jesus fordert die Frau nicht auf, das Joch des Wassertragens abzuwerfen. Er hält keine feurige Rede über Probleme der Wasserwirtschaft. Er hängt am Brunnenrand kein Betttuch auf mit der aufgesprühten Losung: »Frauen Samariens! Emanzipiert euch! Werft die Wassereimer weg!« Sondern er sagt zu einem einzelnen Menschenkind, das unter den Zwängen der Gesellschaft, unter dem Joch der Arbeit, unter den

Ketten seiner Sünde leidet: »Wenn du von dem Wasser trinkst, das ich dir gebe, wirst du nie wieder Durst haben. Dann hast du in dir eine Quelle, die bis ins ewige Leben fließt.«
Ewiges Leben – das ist das Thema von Jesus. Das ist das Thema der Kirche, der Christen. Das ist das Thema, zu dem außer uns niemand in der Welt etwas zu sagen hat und zu dem wir den Menschen in der Welt etwas zu sagen haben: Bei Jesus gibt es ewiges Leben. Wenn du wüsstest!
Die Frau weiß immer noch nicht, worum es geht. Aber sie merkt immerhin das eine: Dieser Mann macht mir ein Angebot, das mir noch keiner gemacht hat (und sie hatte schon allerhand Angebote von Männern bekommen). Also sagt sie: *»Dann gib mir dieses Wasser, damit ich nie wieder durstig bin und nicht wieder herkommen und Wasser holen muss.«* Sie denkt noch immer an ihr Brunnenwasser und vermutet, sie kriegt jetzt so eine Art Zaubertrank, und damit hat sich das tägliche Gerenne zum Brunnen und das Wassergeschleppe erledigt. Als Jesus Tausende von Menschen mit ein paar Broten satt machte, dachten die Leute ja auch, dass sich das tägliche Gerenne zur Arbeit und Geschufte fürs tägliche Brot erledigt habe. Jeden Tag Brötchen gratis – das gefiel der Masse. So wollten sie Jesus haben, so war Jesus der King, so wollten sie einen König haben, so wollten sie Jesus zum König machen, zum Semmelkönig.

Hier wird scharf geschossen

Aber Jesus will für uns kein Schlaraffenleben. Er will uns unsere Schuld vergeben, damit er uns das ewige Leben geben kann. Und als die Frau sagt: »Gib mir das Wasser«, da muss er erst mal die Sünde aus dem Weg räumen, damit die Frau das Wasser, um das sie bittet, trinken kann. Die Frau hat nämlich sozusagen noch was im Hals, was sie daran hindert, das Was-

ser von Jesus zu schlucken. Und das, was ihr da im Hals steckt, muss erst mal raus. Die Sünde, die sie in sich trägt, muss erkannt, bekannt, ausgespuckt, ausgesprochen werden. Als die Frau also sagt: *»Gib mir dieses Wasser«*, da schießt Jesus, der große Seelsorger, einen Pfeil ab. Er bringt in geradezu verletzender Weise die Rede auf das Intimleben der Frau. Er sagt nämlich: *»Gut, geh und ruf deinen Mann. Dann kommt beide hierher.«* Der Pfeil sitzt. Die Frau fühlt sich im Innersten getroffen, aber sie gibt es nicht zu und antwortet ganz cool: *»Ich bin nicht verheiratet.«* Damit, so denkt sie, hat sie die Kurve gekratzt und das peinliche Thema abgewendet. Aber Jesus lässt sich nicht abwimmeln. Er antwortet – und jedes Wort ist ein Hammerschlag: *»Das stimmt, verheiratet bist du nicht. Fünf Männer hast du gehabt, und der, mit dem du jetzt zusammenlebst, ist nicht dein Mann. Da hast du die Wahrheit gesagt.«*
Ich möchte nicht wissen, wie viele von euch mit jemandem zusammenleben, ohne verheiratet zu sein. Fünf Männer oder Mädchen gehabt zu haben und mit einem Partner zusammenzuleben, mit dem man nicht verheiratet ist, ist heute nichts Besonderes – aber es ist was Besonderes, dass es einen Mann gibt, der das nicht für normal hält. Der hält uns die Norm Gottes, die Gebote vor und sagt: Du sollst nicht ehebrechen.
Ganz am Ende des Gesprächs lässt die Frau ihren Wasserkrug stehen, rennt in die Stadt und erzählt allen Leuten: *»Kommt mit! Ich habe einen Mann getroffen, der alles von mir weiß, was ich getan habe.«*

Die Rettungsaktion läuft an

Jesus weiß alles von dir. Er kennt alle deine Sünden. Aber er macht dich deswegen nicht fertig, sondern er macht dir ein Angebot: Wasser des Lebens, Reinigung von deiner Schuld, Vergebung deiner Sünde. Weißt du, warum die Frau ausgerechnet in der größten Mittagshitze Wasser holen ging? Weil sie wusste, dass zu dieser Zeit normalerweise niemand dort war, und sie wollte niemanden treffen. Denn die anderen, die ja wussten, wie sie lebte, machten sie nur fertig. Wenn sie mit den anderen Frauen in der Morgenkühle Wasser holen gegangen wäre, wäre es ihr ergangen wie überall, wo sie auftauchte: Geflüster (Achtung, das Flittchen), Geschimpfe (verpiss dich, du Schlampe), Gemeinheiten (so was wie du gehört eingesperrt). Das hatte sie satt. Deshalb ging sie lieber in der Mittagshitze zum Brunnen, weil dann keiner dort war, der sie volllabern konnte. Und ausgerechnet mittags ist einer da, der labert sie aber nicht voll, sondern der liebt sie! Der verurteilt sie nicht, obwohl er alles von ihr weiß! *»Ich habe einen Mann getroffen, der alles von mir weiß.«*

Jesus ist nicht in die Welt gekommen, um uns zu verurteilen. Er ist gekommen, um uns zu retten. Wir sind ja bereits wegen unserer Sünde verurteilt. Aber Jesus hat unsere Strafe auf sich genommen, hat an unserer Stelle die Strafe abgebüßt, hat für unsere Schuld mit seinem Leben bezahlt. Das ist Liebe! Denn einer muss für deine Schuld bezahlen: entweder du – oder Jesus. Und da sagt er: Komm, lass mich mal. Ich mach das für dich.

Wenn es keinen Gott gäbe, der uns Menschen die Gebote gegeben und gedroht hat, alle, die seine Gebote übertreten, mit der ewigen Verdammnis zu bestrafen, dann wäre es absurd, dass Jesus Vergebung anbietet. Wenn es kein Jüngstes Gericht, keine ewige Seligkeit und keine ewige Verlorenheit gäbe, dann wäre das Angebot Jesu überflüssig. Dann brauchten wir keinen Jesus – aber wir brauchen heute nötiger denn je den Mann Jesus, der uns sagt, was wir getan haben, nämlich gesündigt, und der uns sagt, was er getan hat, nämlich gerettet. Sicher braucht unsere Welt noch alle möglichen anderen Dinge: eine gerechte Wirtschaftsordnung, mehr Arbeitsplätze, mehr Geld. Aber was wir am meisten brauchen, ist Jesus, weil unsere Seelen sonst verhungern, trotz 70 Sorten Brot und Käse. Weil unsere Seelen ohne ihn verdursten, trotz Cola und Kulmbacher. Von irgendeiner Quelle muss jeder trinken. Von welcher Quelle lebst du?

Du kannst mit allen Wassern der Philosophie gewaschen sein. Du kannst dich mit Schnaps volllaufen lassen und deine Adern mit Drogen vollpumpen. Du kannst aus dem Ozean der Weltreligionen Weisheit schlürfen. Du kannst aus den trüben Tümpeln der Horoskope und Wahrsager saufen. Du kannst das eiskalte Wasser des atheistischen Materialismus schlucken – aber deine Seele wird dabei verdursten.

So einfach geht das

Auf dem Marktplatz der Weltanschauungen wirst du überschwemmt von Parolen, die dir alle möglichen Sachen als Heilsquellen anbieten. Auch Jesus hat dir ein Angebot zu machen: *»Wer von dem Wasser trinkt, das ich ihm gebe, der wird nie wieder Durst bekommen. Dieses Wasser wird in ihm zur Quelle, die bis ins ewige Leben hineinfließt.«* Damit meint Jesus: Ich kann deinen Lebensdurst stillen. Wenn du zu mir kommst, ist die Suche vorbei, die Sucht zu Ende, die Sehnsucht erfüllt. Dann bist du am Ziel, dann bist du zu Hause. Geborgen. Im Frieden. Zufrieden.

Heute kannst du heimkommen, wenn du Jesus annimmst. Sag ihm: »Jesus, ich nehme dein Angebot an. Vergib mir meine Schuld. Gib mir das ewige Leben.«

Am Ende der Bibel, im allerletzten Satz, den Jesus sagt, da heißt es (Offenbarung 22,17): *»Wer Durst hat, der komme, und wer will, der nehme das Wasser des Lebens umsonst.«* Das ist buchstäblich der letzte Wille von Jesus: deinen Lebensdurst löschen. Er will. Die Frage ist jetzt: Willst du?

Nimm dein Haar aus der Suppe
Johannes 20,19–30

Zum 100. Geburtstag von Lenin hat Leonid Breschnew gesagt: »Lenin lebte, Lenin lebt, Lenin wird leben!« Damit hat er gemeint: Es lebe die geschichtliche Bewegung, die Lenin geformt hat. Seine Ideen sind wirksam. Die Sache Lenins geht weiter. Sein Werk lebt. Nur in diesem Sinne hat der Satz »Lenin lebt« einen Sinn. Denn ansonsten weiß ja jeder, dass Lenin in Wirklichkeit schon lange tot ist. Kein Mensch meint, dass Lenin wirklich lebt. Im Gegenteil, als größte Sehenswürdigkeit Moskaus wird auf dem Roten Platz der mausetote Lenin in seinem Mausoleum gezeigt. Der Satz »Lenin lebt« ist also nicht wörtlich, sondern symbolisch gemeint. Nun laufen heute überall, z.B. in dieser Kirche, Leute rum, die haben so ein kleines rotes Abzeichen, da steht drauf: »Jesus lebt«. Das ist nun aber nicht symbolisch, sondern das ist wörtlich gemeint. Jesus, der öffentlich im Beisein von Zeugen am Kreuz gestorben ist, wurde begraben und ist drei Tage später auferstanden. Er ist aus seinem Grab rausgekommen. Er ist zu seinen Jüngern gekommen, er hat mit ihnen geredet – Jesus lebt!

Jesus – die totale Pleite

Diese Behauptung halten viele natürlich für den letzten Husten. Die ersten, die das als frommen Huckauf abtaten, waren die Jünger, die engsten Freunde von Jesus. Von Haus aus waren das Fischer. Die kannten nichts weiter als Fische: Flunder – Makrele – Hering, Hering – Makrele – Flunder.
Dann lernten sie Jesus kennen und zogen mit ihm auf die große Reise – drei Jahre lang kreuz und quer durch Israel, am

Schluss im Triumphmarsch Einzug in Jerusalem. Die Bevölkerung bildet Spalier, schreit »Hosianna« und feiert Jesus als den King. Aber nach diesem Höhepunkt geht es mit rasender Geschwindigkeit bergab.
Jesus wird verhaftet, gefesselt, gepeitscht, verurteilt, und ehe die Jünger begreifen, was eigentlich los ist, ist Jesus gekreuzigt, gestorben und begraben. Schluss, aus, alles vorbei, die Jesusbewegung ist geplatzt. Jesus ist tot.
Drei Tage lang sind die Jünger wie vor den Kopf geschlagen. Alles im Eimer, und um das Maß vollzumachen, ist am Schluss sogar noch die Leiche von Jesus verschwunden. Ein paar Frauen waren zu seinem Grab gegangen, aber das Grab war leer. Die Frauen hatten dann was gefaselt von Engeln, die ihnen gesagt hätten, Jesus wäre gar nicht tot, sondern auferstanden, aber das hielten die Jünger für ein Märchen.
Mit einem letzten Rest von Hoffnung waren sie selber beim Grab, aber da war nix mehr zu machen: Das Grab war leer, kein Jesus zu sehen, weder ein toter noch ein lebendiger. Der Jesus, von dem sie so viel erwartet hatten, war eine schwere Enttäuschung.
Die Pleite war wirklich komplett. Und dazu kam die Angst, selber verhaftet zu werden. Denn nachdem man den Anführer umgebracht hatte, war damit zu rechnen, dass auch die Anhänger liquidiert, inhaftiert, interniert oder, wie man heute sagt, isoliert würden. Also: Licht aus, Türen zu, Fenster dicht!

Thomas hat Haarprobleme

Die Jünger hocken am Abend hinter verschlossenen Türen. Sie haben Angst. Da – Johannes 20,19f – *»kam Jesus und trat in ihre Mitte und sagte: Friede sei mit euch! Und als er das gesagt hatte, zeigte er ihnen die Hände und seine Seite. Da wurden die Jünger froh, dass sie den Herrn sahen.«*

Einer der Jünger war an diesem Abend nicht dabei. Das war der Thomas. Der hatte Jesus ganz besonders geliebt. Deshalb hatte ihn sein Tod ganz besonders getroffen.
Er war restlos zusammengebrochen und hatte sich irgendwohin verkrochen. Er wollte keinen mehr sehen, mit keinem reden, auch nicht mit den Kumpels. Er war einfach fertig. Außerdem war er ein Pessimist.
Ihr wisst ja, es gibt Menschen, die sehen alles von der negativen Seite und finden überall ein Haar in der Suppe. Manche finden bloß deshalb ein Haar in jeder Suppe, weil sie, wenn sie davor sitzen, so lange den Kopf schütteln, bis eins reinfällt. So ein Typ war Thomas. Von ihm ging immer eine lähmende Wirkung aus, eine beklemmende Hoffnungslosigkeit, eine müde Resignation.
Zum Beispiel wollte Jesus mal mit seinen Jüngern nach Judäa gehen. Die Leute von Judäa hatten schon mal versucht, Jesus zu steinigen. Deshalb wollten die Jünger Jesus zurückhalten, aber Thomas sagt flügellahm: »Lasst uns mit ihm ziehen, damit wir mit ihm sterben.«
»Kommt, lasst uns sterben« – das ist vielleicht das trostloseste Wort, das in der Bibel steht. Thomas war eben ein Mensch, der bei Schwierigkeiten resigniert. Solche Menschen gibt's viele, auch unter Jugendlichen. Mehlsäcke auf Beinen, die reagieren auf keine Herausforderung, die kämpfen nicht, die lassen immer gleich die Arme hängen: »Nuja. Is eben nix zu machen! Sinnlos. Asche.«

Resignation hat keine Chance

Auf den Neujahrskarten, die ich gekriegt habe, ist mir mehrmals ein Wort begegnet, das ich noch nie auf solchen Karten gelesen habe, das Wort *Angst*. Da wurde ein Neues Jahr ohne Angst gewünscht.

Tief innen in den Menschen sitzt die Angst und breitet sich aus wie ein Krebsgeschwür, vor allem die Angst vor endloser Gewalt. Viele haben ein Gefühl der Ohnmacht, nichts oder nur wenig gegen den Terrorismus tun zu können, und sie resignieren. Am größten ist die Gefahr der Resignation jetzt bei denen, die deshalb, weil sie für Frieden und Abrüstung sind, in Schwierigkeiten gekommen sind.
Und ich muss euch gestehen, dass ich selber immer wieder alle Kräfte zusammennehmen muss, um gegen Bitterkeit und Resignation anzukämpfen. Die Frage ist bloß: Woher kriegen wir diese Kraft?
Ich kriege sie durch den Glauben an den auferstandenen Jesus. Das ist meine Kraftquelle. Um das zu erklären, will ich euch jetzt die Geschichte vom Thomas weitererzählen.

Das glaubt ihr doch selbst nicht!

Thomas hatte keine Kraft mehr. Er hatte resigniert. Bei dem lief nix mehr. Und als er mal wieder bei seinen Kumpels vorbeikommt, kann er überhaupt nicht verstehen, warum die wie aus dem Häuschen sind. Die schnattern alle auf ihn ein: »Mann, du hast was verpasst! Jesus lebt! Der war hier! Genau da, wo du jetzt stehst, hat er gestanden, hier in diesem Zimmer, wir haben ihn gesehen und gehört, mit unseren eigenen Augen und Ohren.«
Thomas kann nur abwinken: »Ihr spinnt ja. Ihr seht ja schon Gespenster. Also, ich lass mich von euch nicht verrückt machen. Ich glaube nur das, was ich sehe. Für mich zählen nur Tatsachen. Und Tatsache ist: Jesus ist gekreuzigt worden und gestorben. Das habe ich gesehen.
Ich gebe zu: Seine Leiche ist verschwunden, sein Grab ist leer. Aber dafür wird sich schon noch irgendeine vernünftige Erklärung finden lassen. Vielleicht ist sie gestohlen worden, was

weiß ich, aber dass er lebendig aus dem Grab rausgekommen ist und euch besucht hat, das glaub' ich euch nicht. Wenn ich ihn nicht sehen kann, wenn ich ihn nicht mit eigner Hand an seiner durchbohrten Hand anfassen kann, wenn ich nicht die Wunde an seiner Seite betasten, ihn testen kann, kann ich's nicht glauben.«
Thomas möchte gerne glauben. Aber er kann es nicht. Weil er zweifelt.

Jesus lebt nicht im Wald

Nun gibt es ja Typen, die ziehen grundsätzlich alles in Zweifel, außer ihren eigenen Verstand. So einer war Thomas nicht. Er war kein intellektueller Spinner, der das Zweifeln zum Prinzip erhebt. Sondern er wollte ganz einfach Klarheit: Stimmt das nun mit Jesus oder nicht? Für ihn ist der Glaube an Jesus nicht wie eine Anstecknadel, die man ein paar Jahre lang trägt und dann, wenn das Leben schwierig wird, wieder abmacht. Für ihn ist Jesus Lebensinhalt, überhaupt alles: Entweder ist das wahr, dass Jesus lebt, oder alles ist sinnlos. Aber einfach blind glauben, das kann Thomas nicht.
Kein Mensch verlangt von dir, dass du blind glaubst, wenn ich dir sage: Jesus lebt. Ich verlange nur von dir, wenn's dich wirklich ehrlich interessiert, dass du die Sache testest. Und zwar so, wie jeder Wissenschaftler einen Test macht, wenn er die Wahrheit finden will. Zum Beispiel gehört zu einem ehrlichen Test, dass du dich von dem, den du testen willst, nicht entfernst, sondern möglichst nahe rangehst.
Angenommen, dir sagt einer: »Die Rolling Stones treten in der Stadthalle auf!« – Um zu prüfen, ob das stimmt, gehst du bestimmt nicht in den Zeisigwald. Die Stones sind zwar laut, aber bis zum Zeisigwald schaffen die's auch nicht, und wenn du dich außer Hörweite der Stadthalle begibst, hörst du zwar

die Vögel im Wald zwitschern, aber nicht die Stones dröhnen. Wenn du die erleben willst, musst du schon dorthin gehen wo sie auftreten: in die Stadthalle.
Dir sagt einer: »Jesus lebt!« – Um zu prüfen, ob das stimmt, kannst du nicht in den Zeisigwald gehen, in die Natur, wo, vom Eise befreit, die Schneeglöckchen zu neuem Leben erwachen. Dort findest du Jesus nicht. Wenn du Jesus erleben willst, musst du dorthin gehen, wo er ist: in die Kirche, wo du sein Wort hörst. Denn er hat gesagt: *»Wo zwei oder drei zusammen sind in meinem Namen, da bin ich.«*

Er geht ans Herz, nicht an den Kragen

Thomas kehrt, um seinen Jesus-Test zu machen, in den Kreis der Jünger zurück. Es vergeht ein Tag nach dem andern, aber es passiert überhaupt nichts. Kein Jesus zeigt sich. Thomas sagt zu den andern: »Na bitte – da habt ihr's! Ihr habt euch geirrt! Ich hab's doch gleich gesagt: Ihr habt euch das alles bloß eingebildet. Jesus ist tot, da ist nichts mehr zu machen, der kommt nicht wieder.«
Nach acht Tagen kommt Jesus doch. Johannes 20,26f: *»Und nach acht Tagen waren seine Jünger abermals drinnen versammelt, und Thomas war bei ihnen. Kommt Jesus, da die Türen verschlossen waren, und tritt mitten unter sie und spricht: Friede sei mit euch! Danach spricht er zu Thomas: Reiche deinen Finger her und sieh meine Hände und reiche deine Hand her und lege sie in meine Seite, und sei nicht ungläubig, sondern gläubig! Thomas antwortete und sprach zu ihm: Mein Herr und mein Gott!«*
Jesus verurteilt Thomas wegen seines Unglaubens nicht. Jesus ist kein Parteichef, der ängstlich um seinen Thron bangt und jeden Kritiker an die Wand stellt. Er wird nicht gleich nervös, wenn einer mal einen Zweifel äußert. Er beantragt kein Disziplinarverfahren gegen Thomas wegen Zweifel an der Füh-

rungsspitze. Er schließt ihn nicht wegen mangelnder Linientreue aus. Er tritt ihm nicht mit der geballten Faust entgegen, sondern mit ausgebreiteten Armen: Friede sei mit euch!
Wer das sagt, kann dann nicht hinterher einen Zweifler und Abweichler fertigmachen. Und umgekehrt: Wer Zweifler und Abweichler, Andersdenkende und Abirrende fertigmacht, der meint, wenn er von Frieden redet, was anderes.
Friede sei mit euch! Das sagt Jesus zu allen. Aber dann wendet er sich an Thomas, an den Zweifler. An diesen einen. Dem sieht er in die Augen, den spricht er ganz persönlich an. Die anderen stehen zwar noch dabei, aber die sind jetzt nicht dran. Jetzt geht es nur um diesen einen.
Ich spreche jetzt auch nicht mehr euch alle an. Die vielen unter euch, die Jesus schon begegnet sind, sind jetzt nicht dran. Ihr gehört zu den Glücklichen, die wissen, dass Jesus lebt. Ihr habt im Moment nur eine Aufgabe: für die zu beten, die nicht glauben. An die wende ich mich jetzt.

Die Wahrheit kann was vertragen

Ich wende mich jetzt an den einen unter euch, der heute Abend voller *Zweifel* hier sitzt. Dir möchte ich als Erstes sagen: Du brauchst dich wegen deiner Zweifel nicht zu schämen. Zweifel sind normal! Lieber ehrlich gezweifelt als fromm geheuchelt!
Mendelssohn hat gesagt: »Man kann niemals überzeugt sein, wenn man niemals mit Vernunft gezweifelt hat.« Gerade durch Zweifel und Infragestellen kommst du zur Gewissheit. Wenn du zweifelst, bist du der Wahrheit ganz nahe! Hinter dem Zweifel des Thomas steckt mehr Glaube als hinter den Lippenbekenntnissen von Leuten, die bloß nachplappern, was andere sagen.

Und das Zweite. Jesus kennt deine Zweifel. Und er hält deine Zweifel aus. Nur die Lüge fürchtet den Zweifel, weil sie die Entlarvung fürchtet. Die Wahrheit braucht den Zweifel nicht zu fürchten, einfach, weil sie die Wahrheit *ist.* Jesus hat von sich selber gesagt: *»Ich bin die Wahrheit.«* Deshalb reagiert er auf die Zweifel mit Gelassenheit und auf Bedingungen mit Großzügigkeit. Thomas hatte Jesus eine Bedingung gestellt: Erst wenn ich dich betasten kann, kann ich an dich glauben.
Eigentlich darf man so was ja nicht machen. Man kann Jesus keine Bedingungen stellen: Erst wenn du das und das machst, glaube ich an dich. So was ist theologisch unzulässig. Aber das Wunderbare ist, Jesus macht das theologisch Unzulässige. Er lässt sich auf die Bedingung des Thomas ein. Noch bevor der einen Ton gesagt hat, sagt Jesus zu ihm: »Komm ruhig näher. Du darfst mich erfahren, mich fühlen.«
Es steht nicht hier, ob er ihn wirklich angefasst hat. Das ist auch egal. Jedenfalls steht hier, Vers 28, dass Thomas antwortete: *»Mein Herr und mein Gott!«* Und damit ist aus dem ungläubigen Thomas ein gläubiger geworden. Denn glauben heißt nicht für wahr halten, dass Jesus lebt, sondern glauben heißt: den lebendigen Jesus als Herrn annehmen und anbeten. Ihm jetzt gehorchen, jetzt mit ihm rechnen – das ist Glaube.

Du kriegst es mit der Kraft zu tun

Thomas wollte erst was fühlen und dann glauben. Für dich gilt die umgekehrte Reihenfolge: erst glauben, dann fühlen.
Wenn du an den Auferstandenen glaubst, wirst du dreierlei fühlen: Erstens: seinen Frieden. Zweitens: seine Freude. Drittens: seine Kraft.
Du wirst die Kraft fühlen, gegen die Resignation anzukämpfen, die Sinnlosigkeit auszuhalten, mit der Angst fertig zu werden. Kraft, um aufzustehen, für die Wahrheit einzustehen,

dem Unrecht zu widerstehen, wieder gerade zu stehen, das Leben zu bestehen.
Wenn du diese Kraft haben willst, dann nimm Jesus als den Herrn deines Lebens an, so wie der Thomas: *»Mein Herr und mein Gott!«* Aus diesem lahmen Pessimisten wurde ein aktiver Christ, bei dem ging echt was los, der ist losgegangen bis nach Indien, um dort von Jesus zu predigen.
Sag jetzt nicht: »Tja der Thomas, der hatte es gut. Der konnte Jesus sehen, aber ich kann ihn nicht sehen.« Nein, du kannst ihn nicht sehen. Aber hör mal zu, was Jesus noch zum Thomas gesagt hat. Da hat er nämlich von dir geredet und an dich gedacht – Jesus sagte zu Thomas: *»Weil du mich gesehen hast, Thomas, glaubst du. Selig sind, die nicht sehen und doch glauben.«*

Schmeiß die Gurus in die Ecke!
Apostelgeschichte 4,12

In einem Flugzeug ist an einer Tragfläche ein Brand ausgebrochen. Der Flugkapitän meldet sich über Lautsprecher: »Meine Damen und Herren, bewahren Sie bitte Ruhe! Wir haben den Brand gleich unter Kontrolle.« Der Brand wird aber immer schlimmer, wieder meldet sich der Kapitän: »Meine Damen und Herren, wir versuchen in wenigen Minuten eine Notlandung. Sollte unter unseren Fluggästen ein Pfarrer sein, bitte ich ihn, sich sofort zu melden.« Niemand meldet sich. Wieder die Stimme des Kapitäns: »Ist denn niemand unter den Fluggästen, der wenigstens eine religiöse Handlung vornehmen kann?« Da erhebt sich ein Mann, nimmt seinen Hut und geht damit sammelnd durch die Reihen.
Wer weiß schon, was eine religiöse Handlung ist?! Die meisten wissen ja nicht mal, was eine Religion ist. Deshalb halten wir heute eine Religionsstunde. Ich erzähle euch mal was über Religion. Die Religion ist der verwickeltste und schwierigste Gegenstand der Wissenschaft. Und da ich von Haus aus Religionswissenschaftler bin, könnt ihr euch auf allerhand gefasst machen. Nun halte ich jetzt zwar keinen wissenschaftlichen Vortrag, sondern eine Predigt. Aber ohne eine ganze Menge Informationen kommen wir einfach nicht aus.

Bisschen Religion braucht man schon

Also, fangen wir gleich, solange ihr noch frisch seid, mit den trockenen Tatsachen an.
1. Es gibt nirgends auf der Welt ein Volk ohne Religion.
2. Es gibt keine allgemeingültige Definition der Religion.

3. Es gibt keine befriedigende Erklärung für den Ursprung der Religion.
Die meisten Erklärungsversuche enthalten nur Teilwahrheiten und sind damit falsch, wie z.B. die willkürliche Konstruktion von Sigmund Freud oder die Theorien von Ludwig Feuerbach und vom Marxismus. Wir können nur feststellen: Die Religion ist, wissenschaftlich gesehen, etwas zum Menschen Gehöriges. Sie ist mit der Tatsache des Menschen gegeben. Der Mensch ist unrettbar religiös. Die Religion ist in der ganzen Menschheitsgeschichte der *beherrschende* und *bewegende* Faktor gewesen, der der Gesamtheit des Lebens Inhalt und Sinn gab und als der Motor der kulturgeschichtlichen Entwicklung wirkte.
Findet ihr das langweilig? Keine Sorge, es wird gleich noch langweiliger. Jetzt kommt die Statistik dran. Also, passt auf: Auf unserer Erde leben 5,8 Milliarden Menschen. Davon sind 1,9 Milliarden Christen, 1,06 Milliarden Moslems, 777 Millionen Hindus, 341 Millionen Buddhisten usw. Ich nenne hier nur die Wichtigsten. Alle diese Religionen befinden sich in einem ungeheuren Konkurrenzkampf. *Jede* will die ganze Menschheit für sich gewinnen. Manche haben dabei beachtliche Erfolge. Jedenfalls: Jede Religion wirbt um Anhänger, und zu denjenigen, die umworben werden, gehören wir auch.

Tiefstpreise für Götterspeise

Jetzt machen wir mal folgendes: Wir stellen uns ein riesiges Kaufhaus vor mit vielen Abteilungen und Stockwerken, in dem überall die gleiche Ware verkauft wird. Die Ware heißt: Religion. Ganz unten im Keller befindet sich das exotische Kunstgewerbe: Schwarze Klamotten und Ketten für Satansanbeter; Fetische und Medizinbeutel für Anhänger von Primitivreligionen; für zivilisierte Wilde aus Europa Talismane und

Maskottchen fürs Auto. Im Erdgeschoss ist die Möbelabteilung, da gibt's Tische zum Tischerücken für die Spiritisten und Nagelbretter für Fakire. Weiter oben ist die Abteilung für Bücher. Dort sind die Weltreligionen untergebracht: Islam, Buddhismus, Hinduismus, Christentum. Im obersten Stockwerk riecht es nach Rosenduft-Räucherstäbchen, es gibt Müsli für den Magen und soft-music für harmoniebedürftige Seelen, also: Esoterik, New Age. Und ganz unter dem Dach, oder sagen wir besser auf dem Dach, wo die Luft ganz dünn wird, sitzen die Mystiker.

Die Allüren der Walküren

Wir betreten das Warenhaus in dem Augenblick, als gerade eine Art Schönheitswettbewerb stattfindet. Jedes Model hat im Arm eine Tüte, wo die betreffende Religion drinsteckt. Es geht darum, eine Miss Religion zu wählen, und wir alle sind die Jury. Was machen wir nun?

Es gibt drei Möglichkeiten:

1. Alle Religionen sind gleich falsch. Dann kann keine »Miss Religion« gewählt werden.
2. Alle Religionen sind gleich wahr. Dann kann auch nicht gewählt werden.
3. Alle Religionen sind falsch, bloß eine einzige ist wahr. Nur in diesem Fall kann gewählt werden. Aber wer?

Wir gehen jetzt die drei Möglichkeiten noch mal durch.

Nummer 1: Alle Religionen sind gleich falsch. Diesen Standpunkt vertreten heute eine ganze Menge Leute. Sie sagen: Das ganze Geschäft mit der Religion ist ein einziger großer Bluff. In Wirklichkeit sind nämlich alle Tüten leer, da steckt überhaupt nichts drin, folglich gehört der ganze religiöse Krempel auf den Müll. Diese Meinung halte ich, auch wenn sie sehr oft ausgesprochen wird, für ausgesprochen dumm. Man kann

nicht die Religion, die wie nichts anderes die Menschheit geformt hat und bis zur Gegenwart prägt, in Bausch und Bogen als falsch abstempeln. Das Phänomen, dem die Menschheit ihre größten kulturellen und geistigen Schätze, ihre Kunst, ihre ethischen Normen verdankt, kann nicht durchweg falsch und unwahr sein und mit einer Handbewegung abgetan werden.
Möglichkeit Nummer 2: Alle Religionen sind gleich wahr. Auch dieser Standpunkt wird von vielen vertreten, z.B. von Lessing – ihr kennt vielleicht seine berühmte Geschichte von den drei Ringen aus »Nathan der Weise«. Diese Leute sagen: Ganz egal, durch welche Türe du in das große religiöse Kaufhaus reinkommst, von wem du dich bedienen lässt und welche Tüte du kaufst – in jeder Tüte ist genau der gleiche Inhalt drin. Die sehen bloß von außen ein bisschen anders aus. Wenn das so ist, ergeben sich zwei Folgerungen: Entweder ist es völlig gleichgültig, welche Tüte du kaufst, Hauptsache, du hast überhaupt eine. Mit anderen Worten: Es ist egal, ob du Christ, Jude oder Moslem bist, Hauptsache, du glaubst überhaupt. Oder, die zweite Folgerung: Wenn alle Tüten den gleichen Inhalt haben, dann wäre es am praktischsten, sämtliche Tüten in eine einzige große Zuckertüte zu schütten, wo dann für jeden Geschmack etwas drin ist. Anders ausgedrückt: Wir mixen uns aus den verschiedenen Religion einen großen Cocktail, eine Welteinheitsreligion, denn, so sagt man: »Alle Religionen führen zum gleichen Ziel.«

Auf den Inhalt kommt es an

Auch diese Behauptung ist Unsinn. So kann nur reden, wer keine Ahnung hat. Das kann ich euch beweisen, und zwar auf rein wissenschaftlicher Basis. Je genauer ihr nämlich in die verschiedenen Tüten reinseht, umso genauer erkennt ihr: Der Inhalt ist trotz vieler Ähnlichkeiten so verschieden, dass man

sagen muss: Die Religionen unterscheiden sich durch ihre sich widersprechenden Zielsetzungen derartig krass, dass sie weder logisch noch praktisch miteinander zu vereinbaren sind. Wir wollen uns einmal die großen Religionen daraufhin ein bisschen ansehen. Was das Christentum ist, lässt sich auf eine Formel bringen, etwa das Glaubensbekenntnis. Da genügt sogar ein einziges Wort, ein einziger Name: Jesus. Denn im Christentum geht es nicht um eine Lehre, sondern um eine Person: um den Sohn Gottes, der Mensch wurde, um die Menschheit zu erlösen.
Personen spielen auch in anderen Religionen eine Rolle. Aber: Alle Religionsstifter sind tot. Jesus lebt. Mit dem Namen Jesus ist alles gesagt, an dem entscheidet sich alles. Deshalb sagt die Bibel (Apostelgeschichte 4,12): *»In keinem anderen ist das Heil, ist auch kein andrer Name unter dem Himmel den Menschen gegeben, durch den wir sollen gerettet werden.«*

Beim seligen Schwanz der Kuh

Was dagegen der Hinduismus eigentlich ist, lässt sich überhaupt nicht klar definieren. Gandhi, selber ein Hindu, hat gesagt: »Das eigentliche Wesen des Hinduismus besteht in der Beschützung der Kuh.« Im Hinduismus spielt nämlich die Kuh eine große Rolle. Wenn ein frommer Hindu stirbt, möchte er dabei möglichst einen Kuhschwanz in der Hand halten. Für unsere europäischen Ohren klingt das natürlich ziemlich merkwürdig, aber ich möchte euch bitten, euch darüber nicht zu belustigen. Bedenkt bitte, dass im Rahmen des indischen Denkens hier absolut nichts Komisches ist, sondern es geht hier um eine religiöse Frage von größtem Gewicht. Für den Hindu ist die Kuh so heilig, dass er keine Kuh tötet. Lieber stirbt er selber. Während heute in Indien Millionen Menschen verhungern, gibt es dort gleichzeitig 200 Mil-

lionen Kühe, die keiner zu schlachten wagt, eben weil sie als *heilig* gelten.
Hier wird der ganze Irrsinn des Heidentums deutlich, im übrigen auch der Unterschied zu Jesus. Er hat sämtliche derartigen religiösen Gesetze außer Kraft gesetzt und gesagt: Der Mensch ist nicht für die Gesetze da, sondern die Gesetze sind für den Menschen da. Schaden die Gesetze dem Menschen, muss man sie um der *Liebe* willen übertreten. Das ist überhaupt der größte Unterschied zwischen Jesus und den anderen Religionen: *Er* redet von Nächstenliebe. Dieses Wort kommt nur in der Bibel vor. In den anderen Religionen und Sprachen *gibt* es das Wort »Nächstenliebe« überhaupt nicht. Was wäre unsere Welt, wenn es dieses Wort nicht gäbe und nicht die Tat der Nächstenliebe!
Aber noch mal zurück zum Hinduismus: Der hat keinen Stifter wie der Islam, kein Bekenntnis oder Dogma wie das Christentum. Der Hinduismus hat nicht nur einen Gott, sondern 330 Millionen Götter. Man kann als Hindu aber genausogut Atheist sein, das spielt gar keine Rolle. Das *Ziel* des Hinduismus ist die *Selbsterlösung* vom sogenannten »Nichtwissen«. Das erlösende Wissen kann man aber nur als Mann erlangen. Die Frau ist davon grundsätzlich ausgeschlossen, genauso wie die breite Masse der Kastenlosen, das sind immerhin 70 Millionen Inder.
Da finde ich wirklich besser, was in der Bibel steht (Galater 3,28): *»Ihr seid alle Gottes Kinder. Gott macht keinen Unterschied zwischen Diener und Herr, auch nicht zwischen Mann und Frau. Verbunden mit Jesus Christus seid ihr alle eins.«*

Glaub' nichts, macht nichts

Zwischen den Religionen und dem Christentum ist das Verständnis von Gott und Welt so verschieden, dass von einem

Glauben an denselben Gott keine Rede sein kann. Überhaupt ist der Satz: »Im Grunde genommen beten alle Menschen den gleichen Gott an«, eine dummdreiste Behauptung.

Buddha zum Beispiel kannte überhaupt keinen Gott. Er war ein Königssohn, der im 6. Jahrhundert vor Christus lebte. An der Gottesfrage war der überhaupt nicht interessiert. Er hat Gott nicht etwa abgelehnt, sondern für den war Gott einfach nicht existent. Demzufolge sind die Buddhisten in Wirklichkeit Atheisten: Und da sie auch kein Gebet, keine Seele, kein Jenseits kennen, muss man fragen, ob das überhaupt eine Religion ist.

Tatsächlich ist der Buddhismus eine Art Philosophie, und zwar eine pessimistische. Sein Ziel ist das sogenannte *Nirwana*, das absolute Nichts. Den schwierigen Weg dorthin können sich aber nur Leute leisten, die keine Existenzsorgen haben. Für die breite Masse, die ihre Zeit mit Arbeit verbringen muss, ist das nichts. Bei Jesus ist das genau umgekehrt. Er sagt: Jeder Mensch kann gerettet werden, und gerade die Armen haben die größte Chance. Je weiter unten einer steht, umso näher steht er Gott.

Nun kann aber der Mensch mit so einer eiskalten Philosophie wie im Buddhismus, an deren Endpunkt auch noch das Nichts steht, auf die Dauer nicht leben. Der Mensch ist seinem Wesen nach religiös. Er *muss* etwas haben, das er verehrt, und wenn es nicht Gott ist, dann ist es eben irgendetwas anderes, was er an seine Stelle setzt. Und so kam es, dass die Buddhisten im Lauf der Zeit aus Buddha, für den es Gott überhaupt nicht gab, selber einen Gott machten.

Wenn heute Buddhisten Buddha als Gott verehren, ihn anbeten, sogar Priester haben, dann geschieht das alles in radikalem Gegensatz zu seiner eigenen Lehre. Denn er hat gelehrt: Es gibt keinen Gott, also braucht man kein Gebet und keine Priester. Soviel zum Buddhismus.

Allahs wie's kommt

Und jetzt ein paar Worte zum *Islam.* Da fällt mir als erstes eine Geschichte aus der DDR ein: Honecker und Reagan sitzen beim Mineralwasser und unterhalten sich über die Frage:
»Was ist das größte Problem in deinem Land?«
Ronni: Drogen, Kriminalität.
Honey: Islam.
Ronni: Wie bitte? Ich denke, ihr seid ein atheistischer Staat. Wieso heißt dein Problem Islam?
Honey: Partei is lahm, FDGB is lahm, Wirtschaft is lahm...

Also jetzt im Ernst. Islam heißt auf deutsch: *Unterwerfung*, und zwar unter Allah, wie die Moslems ihren Gott nennen. Erkennen kann man diesen Gott nicht. Sogar nach dem Tod im Paradies haben die Gläubigen keine Gemeinschaft mit ihm. Allah ist unendlich fern. Ihn als Liebe zu bezeichnen oder etwa gar Vater zu nennen, ist einfach undenkbar. Der Islam kennt weder einen Erlöser noch eine Erlösungslehre, und seine Stellung zur Frau ist auch äußerst problematisch. Mohammed, der Stifter des Islam, hatte 11 Frauen und 4 Nebenfrauen, seinen Anhängern hat er aber nicht so viel erlaubt, er behauptete, er hätte von Allah eine Spezialerlaubnis für so viele Frauen erhalten. Nach der Lehre des Islam hat die Frau keine Seele: Sie ist bis heute vom Gottesdienst ausgeschlossen, kann vom Mann geschlagen werden usw. Der Islam ist fatalistisch: alles ist *Kismet*, Schicksal, da kann man nichts machen.
Für den Hinduismus ist das Leben hassenswert, seine Grundkonzeption ist pessimistisch. Das Ideal des Buddhismus ist die Gelassenheit. Das Christentum ist nicht denkbar ohne *Engagement.* Das alles widerspricht sich derartig und lässt sich beim besten Willen nicht unter einen Hut bringen. Die Folge davon ist, dass alle Religionen, selbst wenn sie sich in der Theorie manchmal tolerant gebärden, in der Praxis intolerant

sind. Jede sagt: Nur ich habe recht, nur ich habe die Wahrheit, nur ich weiß den richtigen Weg für die Menschen.

Liebe ist Trumpf

Damit wären wir bei der dritten Möglichkeit: Alle Religionen sind mehr oder weniger falsch, nur eine einzige ist die wahre. Aber welche? Wir sind jetzt an dem Punkt angelangt, wo wir unsere *Miss Religion* wählen müssen. Für *mich* ist jetzt allerdings der Punkt gekommen, wo ich aufhöre, zwischen den Religionen Vergleiche anzustellen. Was ich bisher gesagt habe, diente lediglich der Information. Aber auf diese Art und Weise findest du nie raus, ob und welche Religion wahr ist. Außerdem rede ich zu euch als Christ. Ich brauche nicht mehr zu wählen. Ich *kann* auch gar nicht mehr wählen. Nicht, weil ich schon gewählt habe, sondern weil ich gewählt bin. *Mich hat's gepackt* – das heißt, das ist nicht richtig ausgedrückt. Denn ich glaube nicht an ein Es, an das absolut Unendliche, an den Urgrund des Seins oder sowas. Sondern ich glaube an Jesus: *Der* hat mich gepackt. Der hat mich akzeptiert. Der verlangt von mir nicht, wie die anderen Religionen, ein religiöses Leistungssoll. Ich muss ihm nicht dauernd beweisen, was ich für ein Ass bin. Sondern er sagt: »In Wirklichkeit bist du ein durchtriebenes Aas, ein Sünder, unfähig zum Guten, eine glatte Niete. Aber für mich bist du ein Ass. Für mich bist du Trumpf. Für dich setze ich mein Leben ein. Ich liebe dich.« Wenn dir ein Mädchen oder ein Junge sagt: »Ich liebe dich« – dann fragst du auch nicht: »Warum?« Es wäre Irrsinn, auf eine solche Offenbarung mit der Forderung nach einer Erklärung für die Gründe zu antworten. Kein Mensch macht sowas. Ich kann dir deshalb jetzt auch nicht erklären, warum Jesus mich liebt. Weiß ich nicht. Hat sich nie über seine Gründe geäußert. Ich weiß bloß, *dass* er mich liebt, aber nicht nur mich, sondern *dich* ganz genauso. Und ich sage dir: Ohne Freundschaft mit Jesus gehst du am Sinn des Lebens vorbei, hast du keinen Retter, keine Vergebung, keinen Frieden. »Na schön«, wirst du zu mir sagen, »aber woher weißt du das alles? Kannst du das beweisen? Woran sehe ich, dass Jesus nicht auch bloß ein Philosoph oder Schwätzer ist? Woran sehe ich, dass der anders ist als die anderen? Dass der wirklich was tut, für unsereinen tut, was außer ihm keiner getan hat? Bis jetzt war das ja alles Gerede, genau wie bei den anderen. Mach doch mal deine christliche Tüte auf, lass mal gucken, ob da mehr drin ist als in der Tüte vom Hindu oder Buddhisten!«

Einer für alle

Also gut. Wenn ihr so wollt, mach ich jetzt meine Tüte auf. Ich zeige euch jetzt den Unvergleichlichen, der alles überragt. Ich zeige euch den Herrn der ganzen Welt, den Erlöser der Menschheit, den einzigen, der uns mit Gott ins Reine bringt, den einzigen, der uns in den Himmel bringt, den einzigen, der unser Leben in Ordnung bringt. Das heißt, zeigen kann ich ihn euch gar nicht. Zeigen kann ich euch nur sein Zeichen – das ist das Kreuz. Er hängt am Kreuz, um dort mit seinem Leben für deine Sünde zu bezahlen. Denn einer muss für deine Schuld bezahlen: entweder du in der Ewigkeit oder er am Kreuz. Und da erledigt er die Sache für dich. Wenn du das glaubst, dann gilt für dich die Zusage: »Deine Sünden sind dir vergeben.« Dieser Satz ist die Hauptsache am Christenglauben. Er unterscheidet ihn von allen anderen Religionen. Im Hinduismus wird z.B. gelehrt: Wenn du Vergebung deiner Sünden erlangen willst, musst du 35 millionenmal die Silbe OM beten. Mit anderen Worten: Du musst deine Sünde selber wegschaffen. Jesus sagt: Das schaffst du nicht. Aber ich mach das für dich, wenn du willst.

Ein chinesischer Prediger hat den Unterschied zwischen Jesus und den Religionen mal so erklärt: Ein Mensch war in eine Grube gefallen. Da ging Konfuzius vorbei, ging bis zum Rand der Grube und sagte: »Du armer Mensch! Wie konntest du nur so dumm sein, so reinzufliegen? Ich gebe dir den guten Rat: Falls du rauskommst, pass auf, dass dir so was nie wieder passiert.« Ein buddhistischer Priester kommt vorbei. Er sagt: »Es tut mir leid, dich so leiden zu sehen. Ich könnte dir helfen, wenn du wenigstens bis zur Hälfte der Grube hochklettern könntest.« Dann kommt Jesus vorbei. Er steigt runter in die Grube, hebt den Reingefallenen auf, stellt ihn auf seine Schultern, bringt ihn raus und reinigt ihn von seinem Dreck. Siehst du: Das ist Jesus. Kein vornehmer Philosoph, der dir von oben gute Ratschläge gibt. Sondern einer, der sein Leben für dich gibt. Der von oben runterkommt, dorthin, wo du bist. Der nicht schöne Worte über das Leiden macht, sondern der das Leiden auf sich nimmt. Holt dich aus der Tiefe deiner Sünde. Alle anderen Religionen haben um das Thema Sünde drumrum geredet. Jesus ist dran gestorben. Was für einen Beweis von Gottes Liebe willst du denn noch? Hast du schon mal einen kennengelernt, der deinetwegen gestorben ist? Der für dich sein Leben geopfert hat? Ich nicht. Ich kenne nur Jesus. Deshalb ist er für mich die Nummer 1. Und für dich? Ich bitte dich: Triff eine Entscheidung. Bekehre dich. Wähle Jesus. Mach ihn zur Nummer 1 in deinem Leben!

Mauern sind zum Wegbeten da

Apostelgeschichte 12

Ein Diktator hat Staatsbesuch. Er führt den Besuch durch seinen Palast und zeigt ihm stolz die vielen Geschenke, die ihm seine Untertanen gemacht haben, ganze Säle voller kostbarer Geschenke.

Der Besucher ist tief beeindruckt. »Das haben die dir alles geschenkt? Die müssen dich aber lieben!« »Ja«, sagt der Diktator, »die *müssen* mich lieben.«

Einer, den seine Untertanen gar nicht liebten, war der König Herodes. Nicht der, der zur Zeit von Jesus geherrscht hat, sondern ich meine den, der in den Jahre 41–44 regierte.

Damals war Israel immer noch von den Römern besetzt. Und weil Herodes mit der römischen Besatzungsmacht unter einer Decke steckte, war er bei der jüdischen Bevölkerung unbeliebt. Er hing also zwischen zwei Stühlen: nach oben war er abhängig, nach unten hatte er keine Anhänger.

Nun ist es bestimmt nicht leicht, ein Volk regieren zu müssen, bei dem man unbeliebt ist. Da muss man irgendwie versuchen, sich heim Volk beliebt zu machen. Dafür gibt es einige immer wieder ausprobierte Rezepte. Die Methode der Römer zum Beispiel war »panem et circenses», auf deutsch: Brot und Zirkusspiele.

Das heißt: Um sich die Gunst des Volkes zu verschaffen, muss man ihm genug zu essen verschaffen. Man muss der Masse das Maul mit materiellen Gütern stopfen, dann hält sie die Schnauze. Denn wem der Bauch voll ist, dem gehen selten die Augen auf. Und wer gut gegessen hat, macht höchstens einen Rülpser, aber keine Revolution. Da aber der Mensch nicht nur aus Bauch besteht, sondern auch einen Kopf hat, also ein sogenanntes geistiges Wesen ist, muss man

auch für diesen Geist was tun. Natürlich immer hübsch in Maßen, denn zuviel Denken ist auch ungesund.
Wenn die Leute beispielsweise anfangen nachzudenken über manche Lehren – z.B. über die Leere in den Kassen –, könnten sie auf dumme Gedanken kommen. Um den Menschen vom Nachdenken *ab*zuhalten, muss man ihn unterhalten. Und je mehr Unterhaltung einer bietet, um so beliebter ist er.

Blut muss fließen

Der König Herodes hatte, um sich beim Volk beliebt zu machen, eine etwas grobe Methode. Für solche Feinheiten wie Volksbelustigungen hatte dieser orientalische Diktator kein Geschick. Außerdem war das zu teuer; dafür ließ er kein Geld fließen. Seine Methode war billiger, aber wirkungsvoller: Er ließ Blut fließen. Das Blutvergießen war bei Herodes schon Familientradition. Sein Onkel Herodes hatte Johannes den Täufer enthauptet; sein Großvater hatte den Kindermord von Bethlehem angeordnet, um auf diese Weise ein Kind namens Jesus aus der Welt zu schaffen. Herodes, der Enkel, hätte aus der Geschichte lernen können, dass gegen diesen Jesus mit Mord nicht anzukommen ist.
Damals war es ein Engel, der Maria und Joseph befahl, nach Ägypten zu fliehen, und so wurde das Kind Jesus gerettet.
Später, als sie es endlich geschafft hatten, Jesus von Nazareth mundtot zu machen, als sie ihn gekreuzigt, begraben und sein Grab mit einem Stein verrammelt und mit Wachen umstellt hatten, da war es wieder ein Engel, der den Stein vom Grab wälzte und der zu den Frauen sagte: *»Was sucht ihr den Lebendigen bei den Toten? Er ist nicht hier, er ist auferstanden.«*
Als dann später Stephanus die Auferstehung predigte, als beim Verhör sein Gesicht wie das Gesicht eines Engels aussah, und als Stephanus als der erste Märtyrer der Kirche gesteinigt wurde, auch da war die Kirche noch nicht tot.

Und jetzt kommt also Herodes. Und was vor ihm und nach ihm keiner geschafft hat, das möchte er: die verhassten Christen abschaffen.
Herodes war nicht der einzige, der bei den Juden unbeliebt war. Noch unbeliebter als er waren die Christen. »Wenn ich die«, so kombinierte Herodes, »unter Druck setze, werde ich damit das jüdische Volk beeindrucken.«
Als er zu Ostern 44 nach Jerusalem kam, ließ er gleich als erstes einige aus der christlichen Gemeinde verhaften, unter ihnen Jakobus, den Leiter der Gemeinde. Den ließ er – ohne Grund, ohne Verhör, ohne Verhandlung – mit dem Schwert töten. Jakobus war der erste christliche Märtyrer, der durch eine weltliche Obrigkeit wegen seines Glaubens an Jesus getötet wurde.
Es fällt auf, wie dieser Märtyrertod, den Jesus dem Jakobus übrigens vorausgesagt hatte, in der Bibel ganz nebenbei erwähnt wird. Aber die Bibel ist kein Buch der Märtyrerverherrlichung oder Heiligenverehrung, sondern das Buch der großen Taten Gottes, von denen wir gleich noch mehr hören werden.

Nur in Maßen abschlachten

Also: Als Herodes den Jakobus geköpft hat, klatschen die Juden Beifall. Das schmeckt dem Herodes, sein Appetit auf mehr Blut wächst, und als nächstes Opfer lässt er Petrus verhaften.
Man sieht: Die Aktion des Herodes bekommt Methode. Sein Ziel ist es, die Christen zu beseitigen, aber er will kein Massenmartyrium schaffen. Er will nur die Anführer der Christen ausschalten.
Alle Verfolger der Christen, die ein bisschen klug waren und etwas von Psychologie verstanden, haben es sorgfältig ver-

mieden, Märtyrer in großen Mengen zu schaffen. Der Tod von ein paar Rädelsführern ist als abschreckendes Beispiel eine delikate Sache, aber Massenabschlachtungen berühren die Volksseele unangenehm.
Herodes ist schlau, das heißt, er bildet sich ein, schlau zu sein, wenn er sich nur die führenden Männer der Gemeinde holt. Er rechnet damit, dass die Gemeinde auseinanderfällt, wenn ihre Führungsspitze fehlt.
Aber er hat, wie alle Verfolger der Kirche, eins übersehen: Die Führung der Kirche ist nicht in der Hand von ein paar Aposteln oder Bischöfen oder Pfarrern, sondern in der Hand des auferstandenen Jesus. Und die Kirche lebt nicht davon, dass in ihrer Mitte führende Männer leben, sondern davon, dass in ihrer Mitte das Wort Gottes lebt, der Glaube und das Gebet. Daran ist bisher jede Christenverfolgung gescheitert, auch wenn man es noch so gescheit anfangen wollte; und auch für Herodes ist hier der Punkt gekommen, wo seine Macht zu Ende ist. Denn alles, was er tut, trägt nur dazu bei, dass es am Ende unseres Kapitels heißen kann: *»Und das Wort des Herrn wuchs und mehrte sich.«*

Unwahrscheinlich befreit

Herodes lässt also Petrus verhaften und im Gefängnis scharf bewachen. Für den nächsten Tag ist mit seiner Hinrichtung zu rechnen. Nun kommt es aber in dieser Nacht zu einigen höchst unwahrscheinlichen Ereignissen.
Es geht damit los, dass Petrus ruhig schläft. Das erscheint uns ziemlich unwahrscheinlich. Aber so unwahrscheinlich ist das gar nicht.
Heute ist der Tag der Opfer des Faschismus, und wir denken besonders an die, die wegen ihres Glaubens von den Faschisten gequält wurden.

Im Jahre 1944, also genau 1900 Jahre, nachdem Petrus im Knast war, saß ein anderer führender Mann in der Zelle, das war der Bischof Lilje.
In der ersten Nacht, so hat er später beschrieben, hat er trotz der Aufregung, trotz des Lärms und der Ungewissheit und trotz der grellen Lampe über der harten Pritsche geschlafen, genau wie Petrus.
Wie es bei dem weitergeht, lese ich euch jetzt vor:
»In der Nacht, bevor Herodes ihn vor Gericht stellen wollte, schlief Petrus zwischen zwei Wachsoldaten. Er war mit zwei Ketten an die Wand gefesselt. Vor der Zelle waren zwei weitere Posten aufgestellt. Plötzlich stand da ein Engel des Herrn und die ganze Zelle war von strahlendem Licht erfüllt. Er weckte Petrus durch einen Stoß in die Seite und sagte: ›Schnell, steh auf!‹ Im gleichen Augenblick fielen Petrus die Ketten von den Händen. Der Engel drängte: ›Leg den Gürtel um und zieh die Sandalen an!‹ Petrus tat es und der Engel befahl: ›Nimm den Mantel und komm mit!‹
Petrus folgte ihm nach draußen. Er wusste nicht, dass dies alles Wirklichkeit war, sondern meinte zu träumen. Sie kamen ungehindert am ersten Wachtposten vorbei, ebenso am zweiten, und standen schließlich vor einem eisernen Tor, das in die Stadt führte. Das Tor sprang von selbst auf und sie traten hinaus. Sie eilten durch eine Gasse, dann war der Engel plötzlich verschwunden. Als Petrus zu sich kam, sagte er: ›Es ist also wirklich wahr! Der Herr hat mir einen Engel geschickt, um mich vor Herodes zu retten und vor dem zu bewahren, was die Juden sich erhofft haben!‹« (Apostelgeschichte 12,6–11)
Das ist natürlich eine sehr verwunderliche Geschichte, zumal wenn man bedenkt, dass nebst dem Wort Gottes Gefängnisse das Stabilste sind, was es in der Menschheit gibt.
Aber da nicht mal der Petrus selber erklären kann, wie das passierte, brauche ich mir hier keinen abzubrechen mit irgendwelchen Erklärungsversuchen. Gott allein weiß, welchen Engel er für diese Rettungsaktion eingesetzt hat.

Fakt ist jedenfalls, dass Petrus von Herodes verhaftet wurde und später als Prediger jahrelang durch die Gegend gereist ist. Dazwischen liegt seine Befreiung, die er selber wie einen Traum erlebt hat, genauso, wie es in der Bibel in Psalm 126,1 angekündigt ist: *»Wenn der Herr die Gefangenen Zions erlösen wird, so werden wir sein wie die Träumenden.«*

Auf Gott einstürmen

Als Petrus zur Besinnung kommt, steht er mitten in der Nacht mitten auf der Straße. Er hat nur einen Gedanken: Ich muss zu den andern. Denn das weiß er genau: Die andern, seine Freunde, die pennen jetzt nicht, obwohl es tiefe Nacht ist, sondern die hocken zusammen und tun was. Sie tun das einzig Richtige, was Christen in einer solchen Situation tun können – sie *beten.*

Ich möchte dich fragen: Hast du jemanden, der für dich betet, wenn du in der Klemme sitzt? Kannst du dich darauf verlassen, dass an dem Tag, an dem du abgehst – in den Knast oder ins Krankenhaus oder ins Sterben –, jemand für dich betet?

Ich rate dir dringend: Versorge dich mit solchen Menschen. Das ist lebenswichtig, im Falle des Petrus ist es überlebenswichtig. Er überlebt, weil seine Freunde für ihn beten. Die haben ihn freigebetet, und wir werden in der Ewigkeit sehen, wieviele Menschen und Völker ihre Freiheit dem Gebet verdanken.

Das Gebet ist eine gewaltige Macht. Schon das Gebet eines einzelnen kann viel bewirken, aber das gemeinsame Gebet ist noch viel wirkungsvoller. Damit können wir auf Gott einwirken. Gott, unser Vater, lässt sich durch unsere Gebete beeinflussen! Er hat es gern, wenn wir ihn bitten.

Ich bin der Vater von drei Kindern. Ich hab das gern gehabt, wenn eins von denen zu mir ins Zimmer kam und gesagt hat: »Papa, kann ich mal deine Luftpumpe kriegen?«
Mal angenommen, die Tür zu meinem Zimmer knallt auf, und alle drei kommen gleichzeitig reingestürmt und wollen was von mir, dann sind die Chancen noch größer.
Seht ihr, das ist Gebetsgemeinschaft! Da sind die Chancen größer! Gebetsgemeinschaft heißt, dass Kinder die Tür zum Vater aufmachen und gemeinsam auf ihn einstürmen.
Das machen die Freunde des Petrus. Seit dem Moment seiner Verhaftung beten die für ihn. Rund um die Uhr. Gegen den Staatschef, der unschuldige Bürger willkürlich verhaftet; gegen seine Gefängnismauern, Soldaten und Ketten setzen sie ein einziges Mittel – das gemeinsame Gebet: »Jesus, bitte befreie unseren Bruder Petrus.«
Als sie so beten, klopft es plötzlich draußen an der Tür. Aber die lassen sich in der Gebetsgemeinschaft gar nicht stören – da könnte ja jeder kommen – und beten feste weiter: »Jesus, bitte befreie unseren Bruder Petrus.» Nur eine Sklavin, die hatte den schönen Namen Röslein, geht zur Tür, um zu horchen, wer da klopft. Als sie die Stimme des Petrus erkennt, ist sie so verdattert, dass sie die Hauptsache vergisst, nämlich aufzuschließen. Sie rennt zurück und platzt in die Gebetsversammlung mit der Nachricht: »Der Peter steht draußen!!«, – worauf die gesamte christliche Gemeinde im Chor antwortet: »Du spinnst ja!«

Die Realität ist möglich

Das muss man sich mal vorstellen: Da beten welche eine Nacht lang für die Befreiung eines Todeskandidaten, und als es klopft und der Befreite vor der Tür steht, als die Gebetserhörung leibhaftig da ist, da glaubt es keiner. Da halten sie es für unwahrscheinlich.

Als ich an dieser Predigt arbeitete, habe ich folgendes erlebt: Da kommt eine junge Frau. Die hatte Schmerzen, war zum Arzt gegangen, und der hatte gesagt: »Muss sofort operiert werden. Krebsverdacht.« Das war am Freitag. Da aber nicht mal in einer Großstadt am Wochenende operiert wird, sollte der Eingriff am Montag gemacht werden. Bis Montag haben wir natürlich alle wie irre um Gesundheit gebetet.
Am Montag geht die Frau aber erst mal zu einem anderen Arzt, und der sagt: »Is nix. Sie sind gesund.« Also: kein Krebs. Und jetzt kommt der springende Punkt: Statt vor Freude in die Luft zu springen, statt sich über die Gebetserhörung zu freuen, fängt die Frau an zu zweifeln. Sie kann es nicht fassen. Sie hält es für unwahrscheinlich. Sie *glaubt* es nicht, – genauso, wie die damals nicht glaubten, dass Gott ihr Gebet erhört hat.
Statt das zu glauben – was heißt hier zu glauben –, statt rauszugehen und ihre Gebetserhörung in Empfang zu nehmen, fangen die an zu überlegen, ob so was denn möglich ist. Sie können es sich nicht erklären, lieber erklären sie die Sklavin, die einzige, die die Realität richtig sieht, für verrückt: »Röslein, Röslein, Röslein rot, du spinnst, der Petrus ist längst tot ...«
Denn als Röslein steif und fest darauf besteht, dass der Petrus draußen vor der Tür steht, da verfallen sie in die Ausrede: »Dann ist es eben sein Doppelgänger oder eine Art Totengespenst, das uns seinen Tod anzeigen will.«
Inzwischen klopft und klopft der Petrus geduldig weiter, bis die da drin aufhören zu diskutieren, wer hier der Verrückte ist und was möglich ist und was nicht, bis sie endlich die Tür aufmachen und *sehen*, was möglich ist. Da steht er also, der Petrus: »Hallo, Leute!« Und bevor die in ein Freudengeschrei ausbrechen können, macht Petrus »pssst! – die Nachbarn dürfen nicht aufmerksam gemacht werden. Sprecht leise, der Feind hört mit!« Er informiert kurz die Gemeinde und taucht anschließend sofort unter, damit er nicht noch mal erwischt wird.

Ihr werdet euch wundern

Am nächsten Tag gibt's natürlich große Aufregung im Knast und im Palast, weil der Häftling Petrus verschwunden ist. Herodes lässt die Wachmannschaften einbuchten und verlässt Jerusalem.

Der Schluss des Kapitels ist schnell erzählt: Herodes gelingt es, einen Wirtschaftskrieg zu beenden, also der Bevölkerung wieder genug Brot zu verschaffen, und nach dem Motto »Brot und Zirkusspiele« lässt er sich bei einer öffentlichen Großveranstaltung von den Massen als Gott verehren.

Nun hatte ich ja gleich am Anfang gesagt, dass Zirkusspiele nichts für Herodes waren. Und tatsächlich bekommt ihm der ganze Zirkus seines Personenkultes schlecht. Ihn trifft auf der Stelle der Schlag oder so was Ähnliches, und er stirbt – husch husch zu den Würmern.

Und dann kommt der wichtigste Satz des ganzen Kapitels, der das eigentliche Wunder beschreibt (Vers 24): *»Und das Wort des Herrn wuchs und mehrte sich.«*

So aussichtsreich die Situation für die Gegner der Kirche oft gewesen ist, es ist ihnen noch nie gelungen, die Kirche zu erledigen. Und überall, wo es christliche Märtyrer gegeben hat (und das waren Millionen von Christen), war deren Blut der Same der Kirche. Und so aussichtslos die Situation für die verfolgte Kirche oft gewesen ist, Gott hat immer eine Möglichkeit gefunden, seine Kirche am Leben zu erhalten.

Nehmen wir zum Beispiel mal China. In China gab es vor der Kulturrevolution eine Million Christen. Während der Kulturrevolution wurden sie verfolgt; die Kirche als Organisation wurde aufgelöst. die gab es einfach nicht mehr. Niemand durfte eine Bibel besitzen usw., und alle Welt dachte: In China ist die Kirche tot.

Na und, was ist jetzt? Nachdem der Spuk vorbei war, stellte sich heraus, dass es nach der Kulturrevolution vier bis sechs

Millionen Christen in China gab. *Wie* Gott das macht, dass sich sein Wort vermehrt und seine Kirche wächst und lebt, das kann ich nicht erklären, und das ist jedesmal anders.
In dem einen Fall macht er es so, dass er einen sterben lässt, wie den Jakobus, und dass dadurch die Kirche wächst. Im andern Fall macht er es so, dass er einen befreit, wie den Petrus, und dass dadurch die Kirche wächst. In dem einen Fall erhört Gott die Gebete, und zwar noch schneller, als die Beter selber es fassen können. In dem andern Fall erhört er die Gebete nicht. Denn ich nehme an, dass die Gemeinde vorher für Jakobus genauso gebetet hat wie für Petrus.

Klemme ist Klemme und Gott ist Gott

Der Tod des Jakobus muss für die ersten Christen eine schwere Enttäuschung gewesen sein. Denn sie hätten ja nach dieser Erfahrung resignieren und sagen können: »Zwecklos, für Petrus zu beten. Herodes hat die Macht, und offensichtlich ist Gott gegen Herodes machtlos, sonst wäre Jakobus nicht gestorben. Und wenn jetzt Petrus im Gefängnis drin ist, ist nach dieser Erfahrung die Situation aussichtslos. Da ist nichts mehr drin.«
Aber die Gemeinde wird nicht kopflos, nachdem Jakobus geköpft worden ist. Sondern gerade nachdem Jakobus trotz der heißen Gebete der Christen umgebracht worden war, bringen sie es fertig, schon ein paar Nächte später für die Freiheit des Petrus zu beten.
Und da machen sie die Erfahrung, dass Gott kein Automat ist, der immer gleich reagiert, sondern dass er dem einen die Gefängnistore automatisch öffnet und den andern dem Henker überlässt.
Die einen lässt er frei, die andern lässt er *Opfer des Faschismus* werden. Bischof Lilje ließ er die Haft überleben, Pfarrer

Schneider ließ er in Buchenwald sterben. Keinem der Märtyrer zwischen 1933 und 1945 ist an der Wiege gesungen worden, dass er einmal Gott und der Welt zeigen muss, wieviel ihm Gott wert ist. Keiner hat vorher geahnt, dass er mal mit seinem Leben für seinen Glauben bezahlen muss. Keiner hat sich vorgenommen, ein Märtyrer zu werden.
Auch keiner von uns wird auf so einen Gedanken kommen, aber *rechnen* muss jeder damit, dass er von Gott so geführt wird. Denn es gehört zum Wesen der Kirche, dass sie Widerstand, Druck und Verfolgung erleidet.
Die Christen wollen diesen Konflikt nicht. In der Bibel – Römer 12,18 – steht: *»Ist es möglich, soviel an euch liegt, so habt mit allen Menschen Frieden.«*
Auch Herodes hatte von der christlichen Gemeinde nichts zu befürchten. Trotzdem hat er sie verfolgt. Wer zur Gemeinde von Jesus gehört, muss mit Schwierigkeiten rechnen, bis hin zu Gefängnis und Tod. Es kann jeden treffen, dich genauso wie mich, denn Gott ist kein Automat, der jeden befreit.
Eben weil Gott kein Automat ist, dürfen wir aus dieser Geschichte nicht schlussfolgern, dass Gott jeden aus der Klemme holen *muss*. Hier steht nur, dass Gott *kann*, und zwar auch dann, wenn wir nicht mehr weiter wissen.

Drei bis sechs Überraschungen

Wenn einer weiß, dass er Krebs hat und die Ärzte ihn aufgegeben haben, dann hat Gott immer noch alle Möglichkeiten offen. Wenn du in irgendeiner fatalen Situation deines Lebens nicht mehr mit Gott rechnest, bist du ein Fatalist, aber kein Christ. Als Christ kannst du immer mit Gottes Überraschungen rechnen.
Allein unsere heutige Geschichte enthält drei Doppel-Überraschungen:

1. Eine Tür, von der man dachte, sie bliebe geschlossen (die Gefängnistür), ging auf. Und eine Tür, von der man dachte, sie müsste sofort aufgehen (die Tür im Haus der Gemeinde), blieb geschlossen.
2. Ein Mann, von dem man dachte, er wäre wach in der Nacht (Petrus in der Zelle), schlief ruhig wie ein Kind. Und Menschen, von denen man dachte, sie würden schlafen (die Christengemeinde), waren munter.
3. Ein Mann, von dem man dachte, sein Leben sei zu Ende (der dem Tod geweihte Petrus), hat noch ein langes Leben vor sich. Und ein Mann, von dem man dachte, er hätte noch ein langes Leben vor sich (König Herodes), muss sterben.

Gott handelt oft anders, als wir denken, aber er handelt! Und er steht zu seinem Versprechen, dass die Pforten der Hölle die Kirche nicht überwältigen können.

Die Kirche ist nie verloren, wenn sie von ihren Gegnern bedrängt wird. Sie ist erst dann verloren, wenn sie einen Gegner für stärker als Gott und die Situation für aussichtslos hält. Von *außen* kann die Kirche jedenfalls niemals zerstört werden, solange es *in* ihr den Glauben an das Wort Gottes gibt.

Das Wort Gottes hat nämlich – das ist im Feuer der Weltgeschichte tausendfach bewiesen – eine seltsame Eigenschaft: Je mehr es unterdrückt wird, um so mehr breitet es sich aus.

»Und das Wort des Herrn wuchs und mehrte sich.«

Peinlich, peinlich …
Apostelgeschichte 14,1–22

Auf einem europäischen Flughafen haben sich ein paar kirchenleitende Herren eingefunden. Sie erwarten Dr. Gottfried Osei-Mensah, das ist eine weltweit bekannte Führungspersönlichkeit der internationalen Lausanne-Bewegung für Weltevangelisation. Aus dem Flugzeug steigt ein jung aussehender kleiner Mann mit tiefschwarzer Hautfarbe. Er marschiert auf die Gruppe zu, murmelt etwas auf Englisch, wird aber von den Herren nicht beachtet, weil sie ihn für den Kofferträger von Gottfried Osei-Mensah halten. Der Schwarze stellt seinen Koffer ab und sich selber bescheiden neben die anderen in die Reihe und wartet auf die Dinge, die da kommen werden. Es kommt aber keiner mehr aus dem Flugzeug. Und als der schwarze Passagier sagt: »Ich bin der, auf den Sie warten – ich bin Gottfried Osei-Mensah«, da begreifen die Herren: Der, den sie für den Kofferträger hielten, ist der erwartete Würdenträger. Das war zwar eine peinliche Situation, aber immer noch besser als umgekehrt, wenn einer enthusiastisch begrüßt wird und dann sagt: »Entschuldigen Sie, aber ich bin nicht der, für den Sie mich halten.«

Zoff nach der Predigt

So ging es mal dem Apostel Paulus, als er in der Stadt Lystra war. Das steht in der Apostelgeschichte, Kapitel 14. Paulus war mit seinem Kollegen Barnabas aus Antiochien rausgeflogen, weil es Krach wegen seiner Predigt gegeben hatte. Drei Tage später kommen sie nach Ikonien. Auch dort predigen sie. Auch dort gibt es Krach.

Heutzutage hört man ja selten, dass es wegen Predigten Krach gibt. Wenn sich schon mal jemand über Predigten aufregt, dann meistens deswegen, weil sie so langweilig sind. Nun war Paulus nicht gerade ein Volksredner, der die Leute von den Stühlen riss. Wie er gepredigt hat, das war gar nicht so umwerfend, aber was er gepredigt hat, brachte die Leute zum Steinewerfen, wie in Ikonien, wo sie ihn steinigen wollten.
Dort hatte er über die Gnade gepredigt. Gnade heißt: Gott rettet dich, obwohl du es nicht verdient hast. Von Rettung kann nur geredet werden, wo Gefahr ist. Gott sagt: Du bist in Lebensgefahr. Denn so, wie du bist, bist du verloren und gehst in die Hölle.
Weil Gott aber will, dass du zu ihm in den Himmel kommst, ist er auf eine geniale Idee gekommen. Er hat seinen Sohn auf die Erde geschickt. Der hat die Strafe für deine Sünden, die du verdient hast, auf sich genommen und ist am Kreuz an deiner Stelle gestorben. Er hat deine Schuld mit seinem Blut bezahlt. Das ist Gnade. Nicht du musst für deine Sünde zahlen, sondern Jesus macht das für dich. Wenn du dieses Opfer annimmst, für dich in Anspruch nimmst, Jesus daraufhin ansprichst, bist du gerettet. Die Bibel sagt (Römer 10,13): *»Wer den Namen des Herrn anrufen wird, wird gerettet.«*

Is ja gar nich möglich!

Und nun sagen eben viele – heute genauso wie damals in Ikonien –: Das ist doch Spinni, das ist doch eine Frechheit. Erstens lassen wir uns nicht einreden, der Mensch wäre ein Sünder, sondern der Mensch ist gut. Zweitens lassen wir uns nicht solchen mittelalterlichen Mist wie die Hölle aufschwatzen, sondern die Hölle ist eine leere Drohung. Drittens lassen wir uns nicht darauf ein, dass einer, der vor langer Zeit an einem Kreuz starb, etwas mir unserem Leben zu tun hat. Das

ist einfach Schwachsinn. Und deshalb, viertens, pfeifen wir auf Jesus.
Solange nur gepfiffen wird, geht's ja noch. Aber wenn Steine durch die Luft pfeifen, sieht die Sache anders aus. Damals wollten sie Paulus und Barnabas steinigen, und da sind die beiden abgehauen und landeten in einer Stadt namens Lystra. Als Paulus dort predigt, gibt's wieder einen Riesenkrach. Dabei fing alles so gut an.
Paulus ist also am Predigen, da entdeckt er unter seinen Zuhörern einen Behinderten. Der Mann war gelähmt und hatte seit seiner Geburt noch nie einen Schritt gehen können. Aber hören kann er. Und das macht er. Er hört zu und, so heißt es hier in Vers 9, er glaubt. Damit haben wir wieder mal einen der vielen Fälle, die die Bibel erwähnt, wo ein Mensch bei der ersten Predigt, die er hört, Christ wird.
Heute wird immer behauptet, das ginge nicht so schnell, da müsste man erst noch vieles vorher klären. Klar, das stimmt, aber nicht immer. In der Bibel und in der Praxis kommt es oft vor, dass sich einer gleich bei der ersten Predigt bekehrt. Und wenn du heute zum ersten Mal von Jesus hörst, dann kannst du dich auch heute bekehren, wenn du willst: Du brauchst nur zu sagen: »Ja, Jesus, ich will. Ich will dir glauben und mit dir leben.«
Paulus merkt, dass der gelähmte Mann sich seiner Botschaft öffnet und glaubt. *Wie* er das gemerkt hat, weiß ich nicht, aber ich weiß: Man kann es manchmal Menschen ansehen, was in ihnen vorgeht.

Ganz aktuell

Ich hab mal ein vierzehnjähriges Mädchen beerdigt. Das hatte ein anderer Vierzehnjähriger erschossen, aus Versehen, während einer Veranstaltung der »Gesellschaft für Sport und

Technik«. Bei der Beerdigung war die ganze Halle vollgestopft mit Schülern, Lehrern, Funktionären der FDJ und Vertretern von Staat und Stasi. Ich habe – zitternd, aber frei von der Leber weg – davon geredet, dass Schusswaffen nicht in Hände von Kindern gehören.

Die Zuhörer fanden das unerhört, sie versteinerten zusehends – und ich redete gegen eine verschlossene Wand von finsteren Betongesichtern. Da entdeckte ich in der ersten Reihe ein Gesicht, das absolut offen war. Das war das Gesicht der Oma des erschossenen Kindes. Die hörte mir mit aufgerissenen Augen und sichtbarer Zustimmung zu. Sie hat mir hinterher erzählt, dass sie immerzu gedacht hat: »Los, Pfarrer, sag die Wahrheit.«

Also, das hab ich irgendwie mitgekriegt. So ungefähr muss das beim Paulus gewesen sein, als er mitkriegt, dass der gelähmte Mann ihm seine Botschaft abnimmt und glaubt. Da wendet er sich mitten in seiner Predigt diesem Mann zu und sagt mit lauter Stimme, dass es alle hören können: *»Stell dich auf die Füße!«* Und da heißt es hier (Vers 10): *»Und er sprang auf und ging los.«* Ich zweifle nicht eine Sekunde, dass das wirklich so passiert ist. Ich zweifle auch nicht eine Sekunde, dass so was auch heute passiert, in unserer Zeit. Denn Jesus, durch dessen Kraft Paulus den Mann geheilt hat, ist ja heute derselbe wie damals, hat die gleiche Kraft und kann heute die gleichen Wunder tun wie damals. Er kann es nicht nur, er tut es auch. Er heilt auch in unseren Tagen kranke Menschen auf wunderbare Weise. Ich habe selber so eine Heilung miterlebt, und es gibt Leute, die das mit bezeugen können.

Steck den Kopf nicht in den Sand

Da war eine Frau, die hatte Krebs, und die Ärzte hatten sie aufgegeben. Sie hatten dem Ehemann schon gesagt, dass sei-

ne Frau nicht mehr zu retten sei. Die aber ist durch Gebet geheilt worden und lebt heute noch. Weil ich das bezeugen kann, kann mir niemand nachreden, ich würde daran zweifeln, dass auch heute noch Krankenheilungen durch Jesus geschehen.
Aber ich bezweifle, dass Krankenheilungen eine Missionsmethode sind, gleich gar nicht in öffentlichen Veranstaltungen, wo die Heilungen schon vorher als Programmpunkt auf dem Einladungsplakat stehen. Und ich bezweifle, dass die Wundersucht, die in manchen kirchlichen Kreisen wuchert, biblisch gesund ist.
Es gibt nicht nur eine Sucht nach Drogen, es gibt auch eine Sucht nach Wundern, und das ist nicht normal. Normal ist, dass man mit Wundern rechnet. Es hat meines Erachtens keinen Sinn, sich Christ zu nennen, wenn man keine Wunder erwartet. Aber die Wundersucht und der Rummel, den manche drumherum machen, entspricht nicht der biblischen Norm. Die biblische Norm ist so: Gott tut Wunder, aber nur der Glaubende versteht sie richtig.

Sorry, kleine Verwechslung

Hier in unserem Fall ist es so, dass der Mann erst glaubt und dann geheilt wird, aber alle anderen verstehen das Wunder falsch und kriegen die Sache in den falschen Hals. Denn als die Massen sehen, wie der Gelähmte losgeht, geht keine Erweckung los, sondern ein Heidenlärm, bei dem die Apostel kein Wort mehr verstehen. Ein Aufschrei wie bei einem Fußballtor, und dann brüllen alle aus voller Kehle (Vers 11): *»Die Götter sind den Menschen gleich geworden und zu uns heruntergekommen.«* Die haben also gedacht, Paulus und Barnabas wären Götter! Und sie wussten auch gleich, welche, nämlich die beiden obersten, die sie damals hatten (Vers 12): *»... und nannten Barnabas Jupiter und Paulus Merkur.«*

Kein Wunder, dass die bei so einem Wunder so was denken, denn sie waren ja Heiden, die an Götter glaubten, die sich manchmal in Menschengestalt einen Kurzurlaub auf der Erde leisteten. In ihrer Religion gab es so eine Sage, dass Jupiter und Merkur mal in Menschengestalt da waren, und die Sage spielt ausgerechnet dort in der Nähe.

Es war also naheliegend, dass die guten Leute dachten: »Es ist mal wieder soweit: Die Götter kommen persönlich zu Besuch!« Das Dumme war nur, dass Paulus und Barnabas gar nicht schnallten, was die Leute für Unsinn schnatterten. Das lag daran, dass die vor Aufregung in ihren Heimatdialekt verfielen, und den konnten die beiden Apostel nicht verstehen – wer versteht schon Lykaonisch!

Bisher war das Ganze auf Griechisch gelaufen. Griechisch war damals Weltsprache so wie heute Englisch, das verstanden alle. Und wenn Paulus auf Griechisch gesagt hatte: »Steh auf und geh«, verstand das jeder – so wie heute jeder (egal, ob in Tokio, Borneo oder irgendwo) versteht, wenn einer sagt: »Stand up and go.«

Bloß als der dann wirklich aufstand und ging, gingen den Leuten von Lystra die Nerven durch, und sie brüllten ihre Sprüche auf Lykaonisch, und das hatten die beiden Apostel nicht drauf. Sie wussten also zunächst überhaupt nicht, dass sie von der Bevölkerung soeben in den Stand von verdienten Göttern des Volkes erhoben worden waren. Es gab um sie herum ein Riesengewinke und Geschubse und Gepläke, und erst, als die Ochsen mitpläkten, dämmerte den beiden, was hier gespielt wurde. Vom Jupitertempel her erschien nämlich eine feierliche Delegation von Jupiter-Priestern, und diese Yuppies führten ein paar Ochsen, die waren geschmückt mit Kränzen, und das Ganze sah verdächtig nach einer Opferprozession aus.

Und da begreifen Paulus und Barnabas: Diese Ochsen halten uns für Götter. Die verwechseln uns mit ihren Götzen. Die wollen uns ein Götzenochsenopfer bringen. Als die beiden das mitkriegen, brennt bei ihnen die Sicherung durch. Auf der Stelle nehmen sie ein Bad in der Menge, und wie sich's bei einem Bad gehört, haben sie sich vorher ausgezogen. Sie zerreißen – als Zeichen höchster Empörung – ihre Klamotten und springen in Unterhosen unters Volk und schreien aus Leibeskräften: »Ihr Hirnis, wir sind nicht die, für die ihr uns haltet!« Vers 15: *»Ihr Männer, was macht ihr denn da? Wir sind auch sterbliche Menschen, genau wie ihr. Mit unserer Predigt vom Evangelium wollen wir doch gerade erreichen, dass ihr euch bekehren sollt von diesen falschen Göttern zu dem lebendigen Gott, der Weltall, Erde und Meer gemacht hat und alles, was darin ist.«*

Mach mal deine Augen auf

Abkehr von den falschen Göttern, Umkehr vom falschen Weg, Hinkehr und Heimkehr zum lebendigen Gott – das ist Bekehrung. Das ist das Ziel der Predigt der Apostel. Das ist das Ziel meiner Predigt. Das ist das Ziel Gottes mit dir. Gott möchte, dass dein Leben in Ordnung kommt, dass du ein gutes Gewissen bekommst, dass du endlich Frieden hast. Du hast bisher vielleicht noch nichts mit Gott zu tun gehabt, aber Gott hatte schon mit dir zu tun. Er hat dir Gutes getan, dich gutes Geld verdienen lassen, dir gut zu essen gegeben und überhaupt Freude verschafft. So sagt es hier der Paulus (Vers 17): *»Gott hat sich selbst nicht unbezeugt gelassen, hat viel Gutes getan und euch vom Himmel Regen und fruchtbare Zeiten gegeben, hat euch ernährt und eure Herzen mit Freude erfüllt.«*
Das ist ja auch Gnade, dass wir in einer Gegend der Erde geboren wurden, wo es genug zu essen gibt und niemand verhungern muss. Wir alle haben seit der Wende eine Menge Gutes genossen, was wir in der Zeit, als die Genossen die Macht über uns hatten, nicht hatten. Von A bis Z, vom Auto bis zum Zivildienst reichen die Freuden und Errungenschaften. Und

während weltweit die Situation für Millionen Menschen täglich schlechter wird, wird es bei uns täglich besser. Der Sozialismus, der unser Land getötet hat, ist tot, wir haben keine Not, Auslandsreisen und freie Meinungsäußerung sind unser täglich Brot. Das einzige, was unserem Volk fehlt, ist die Dankbarkeit gegenüber Gott. Dem marxistischen Materialismus sind wir gerade noch entschlüpft, aber jetzt fahren alle voll ab auf den Materialismus westlicher Machart. Das Land ist übersät mit Imbissbuden, vor denen Tag und Nacht ein kauendes Völkchen steht. Unser Volk frisst. Manchmal möchte man dazwischenspringen und schreien: »Begreift doch endlich! Der Materialismus, egal ob marxistisch oder marktwirtschaftlich, ist der falsche Gott, das reicht als Lebensgrundlage nicht aus, deshalb bekehrt euch zu dem lebendigen Gott!« Ein Leben lang hat Gott dir zu essen gegeben und auf diese Weise durch Butterbrote zu dir gepredigt. Heute predigt er zu dir durch sein Wort und sagt dir: Bekehre dich! Denn nur, wenn du mit Gott gehst, geht dein Leben gut. Wohin ein Leben ohne Gott führt, habt ihr ja gesehen. Da gab's ja nicht einmal eine Imbissbude. Aber denk nicht, weil's jetzt Imbissbuden gibt, ist das Leben gelaufen. Ohne Gott wird deine Seele zwischen Imbissbuden, Geldinstituten und Sonderangeboten verhungern! Wenn du leben willst, dann lauf nicht länger in die falsche Richtung. Dann komm und kehr um zu Gott!

Theos Bekehrungsplatte? Nein danke!

Als Paulus und Barnabas anfangen, von der Bekehrung zu predigen, verkehrt sich die Situation total. Eben noch wurden sie als Götter bejubelt, jetzt werden sie als Gegner bekämpft. Die gleichen Leute, die ihnen eben noch Opfer bringen wollten, wollen sie jetzt umbringen. Sie greifen nach Steinen und fangen an, Paulus damit zu bombardieren. Als er einen Kranken heilte, war die Masse high. Als er ihnen sagte, wie ihr eigenes Leben heil werden kann, war's mit der Begeisterung vorbei. Als Paulus den Kranken heilte, hat er den Geschmack der Massen getroffen, das war religiöse Bedürfnisbefriedigung zur rechten Zeit, so einen Prediger empfindet man als göttlich, von der Sorte könnten wir heute paar Dutzend mehr gebrauchen. Aber als er zur Bekehrung auffordert, hat er bei den Massen verspielt. Da macht er sich unbeliebt. So einen Prediger empfindet man als unmöglich, überheblich, überflüssig und die Aufforderung zur Bekehrung als Beleidigung. Bekehrung – wozu das? Hab ich das nötig? Ich soll mich ändern?

Das kommt mir doch sehr bekannt vor, auch hier aus diesem Gottesdienst. Wenn's ein paar scharfe Sprüche gibt, das schmeckt euch. Und wenn's hier noch ein paar Heilungen gäbe, da wär' die Bude wieder voll. Aber wenn ich auf das Thema Bekehrung komme, komme ich bei vielen von euch nicht mehr an. Theos Bekehrungsplatte? Nein danke!

Natürlich bin ich dankbar, wenn mich höflicherweise niemand mit Steinen beschmeißt. Aber manchmal wäre mir ein wirklicher Widerspruch lieber als euer freundliches Wiederkommen. Ich hab manchmal den Eindruck, viele von euch sind bekehrungsimmun. Selbst mit den spitzesten Predigten seid ihr nicht mehr zu provozieren, ihr habt euer Herz gegen den Stachel des Evangeliums mit Gewohnheitsspeck abgedichtet. Aber ich glaube weiter unbeirrt, dass Gott die härtesten Panzer um Herzen von Heiden und Christen schmelzen kann wie eine Kinderhand ein Schöller-Eis.

Nicht leicht, sondern Leid

Den Paulus haben sie wegen seiner Bekehrungspredigt gesteinigt, zur Stadt rausgeschleift und auf die Müllkippe geschmissen. Seine Gegner und die Jünger hielten ihn für tot. Aber als

die Jünger um ihn rumstehen, rappelt der sich wieder auf. Ich stelle mir das so vor wie beim Fußball. Da liegt manchmal einer wie tot, und du denkst: »Den hat's erwischt, den tragen sie auf der Bahre vom Rasen« – und auf einmal rappelt der sich hoch und rennt wie ein Wiesel über die Wiese.
Paulus steht auf. Aber statt sich gesundpflegen zu lassen, statt sich zumindest aus dem Staub zu machen, marschiert er in die Stadt zurück, wandert am nächsten Tag zur nächsten Stadt, predigt, bekehrt viele Heiden, bestärkt viele Christen und sagt ihnen, Vers 22, dass *»wir durch viel Leid in das Reich Gottes gehen müssen«*.
Und das ist nun das Letzte, was ich euch heute noch sagen muss. Der Weg ins Reich Gottes ist nicht leicht, sondern Leid. Das ist natürlich eine äußerst unpopuläre Äußerung. Wohlstand und Wohlfühlen, das sind die Götzen von heute. Wer das den Leuten verspricht und verschafft, der ist der Größte. Aber leiden – selber leiden, für andere leiden, mit anderen leiden – davon will kein Publikum was hören. Bis in die innersten Reihen der Kirche hinein hat sich das Wohlfühldenken eingeschlichen. Die Devise vieler junger Christen heißt: »Ich mach' nur das, was Spaß macht!« Mit dieser Einstellung machst du Gott bestimmt keinen Spaß. Gerade den Wohlfühlfanatikern und den Wundersüchtigen, die das Leid, auch das Krankheitsleiden, umgehen und die Menschen durch Heilungswunder ins Reich Gottes bringen wollen, muss gesagt werden: *»Wir müssen durch viel Leid ins Reich Gottes gehen.«*
Ich kenne keinen einzigen der Großen im Reich Gottes, der nicht auch hätte leiden müssen, angefangen beim Apostel Paulus über Martin Luther bis zu Martin Luther King, und sogar der Heilungsprediger John Wimber hat ein Augenleiden und muss eine Brille tragen.
Leiden sind normal und gehören zum Christenleben. Wenn wir im Augenblick mal von Gott eine Verschnaufpause geschenkt bekommen und wegen unseres Glaubens nicht zu lei-

den haben, dann wollen wir dafür dankbar sein. Aber wir sollten nicht so naiv sein zu denken, das würde immer so bleiben. Es bleibt dabei: *»Wir müssen durch viel Leid in das Reich Gottes gehen.«*